U0642771

教育部人文社会科学研究一般项目（项目编号：19YJAZH052）资助

# 山西省创新发展研究：省域、产业与企业的视角

刘东霞◎著

·北京·

**图书在版编目（CIP）数据**

山西省创新发展研究：省域、产业与企业的视角 / 刘东霞著. —北京：科学技术文献出版社，2020. 8

ISBN 978-7-5189-4999-1

Ⅰ. ①山… Ⅱ. ①刘… Ⅲ. ①高技术企业—企业创新—企业绩效—研究—山西 Ⅳ. ① F279.244.4

中国版本图书馆 CIP 数据核字（2018）第 268845 号

**山西省创新发展研究：省域、产业与企业的视角**

策划编辑：周国臻　　责任编辑：刘　亭　　责任校对：王瑞瑞　　责任出版：张志平

出 版 者　科学技术文献出版社
地　　址　北京市复兴路15号　邮编 100038
编 务 部　(010) 58882938，58882087（传真）
发 行 部　(010) 58882868，58882870（传真）
邮 购 部　(010) 58882873
官方网址　www.stdp.com.cn
发 行 者　科学技术文献出版社发行　全国各地新华书店经销
印 刷 者　北京虎彩文化传播有限公司
版　　次　2020 年 8 月第 1 版　2020 年 8 月第 1 次印刷
开　　本　710×1000　1/16
字　　数　199千
印　　张　12.5
书　　号　ISBN 978-7-5189-4999-1
定　　价　58.00元

# 前言

当今时代，创新是发展最重要的驱动力之一。山西省于2014年出台了《国家创新驱动发展战略山西行动计划（2014—2020年）》，该行动计划对于推动山西省经济发展方式的转变，引导资源型地区实现转型跨越发展有重要的作用。在产业中观层面，创新对提高产品质量，实现产品多样化与升级换代，具有不可忽视的作用。在企业微观层面，创新可以促进企业组织形式的改善和管理效率的提高，是影响企业绩效最重要的因素。

全书分为上、中、下3篇。上篇在详细梳理创新型省份内涵、评价方法与区域创新体系构成等方面研究文献的基础上，运用2015年与2016年的相关数据，对山西省创新型省份建设现状进行评价。评价得到：①山西省区域竞争力不足，创新实力指标均处于全国下游水平，企业创新水平指标有待提升，产业创新水平指标落后；②山西省区域创新能力较低，创新人才指标居中部地区下游水平，创新载体数量有限；③山西省区域创新产业水平较低，创新成果的市场化水平指标落后于国家平均水平，能够体现区域技术储备的指标居中部下游水平，创新效率有待提高；④山西省区域创新创业生态仍需改善，体现创新服务水平的指标相对落后，但创新政策落实效果显著，加大了科技成果转化等普惠性创新政策落实力度，创新环境质量大幅提升，创新驱动政策体系趋于完善，加强了科技成果转化体系建设；⑤山西省区域创新特色优势不明显，煤基传统产业技术创新能力有待提升，非煤产业技术创新特色并未显现。结合相关理论与创新型省份建设的内涵要求，提出山西省创新型省份建设的策略与建议：①推动产业技术创新和区域创新，壮大各类创新主体；②开展多项重点创新工程，提升区域创新能力；③实施各类创新政策，营造良好创新生态。

中篇从产业中观的视角入手，借助《中国高技术产业统计年鉴》与《中国科技统计年鉴》，获得2015年全国31个省（区、市）的相关数据，运用系统动力学与DEA分析方法，探讨高新技术产业创新集群建设的动力机制，分析山西省高新技术产业创新集群特征、发展现状，并进行创新集群效率评价。研究得到：①从发展特征来看，山西省高新技术产业创新集群的产业特色较为明显、品牌优势逐步树立、主导优势企业持续成长、产业结构呈现逐步升级趋势、产业链延伸初见成效、创新能力不断提升。②从发展现状来看，山西省高新技术产业创新集群发展处于成长期、发展水平落后，资源投入、技术实现与价值实现是关键的制约因素。③从发展效率来看，山西省高新技术产业创新集群未达到DEA有效，即高新技术产业创新集群效率较低，在保持现有的投入不变的情况下，高新技术产业创新集群的产出太低。山西省高新技术产业创新集群的产出偏低，新产品产值占工业总产值比重太低，一方面反映出高新技术产业创新集群产出的新产品数量少、获利能力低；另一方面反映出山西省高新技术产业创新集群对拥有发明专利的产业化水平较低、专利的应用能力较差。据此提出了相关的产业发展建议及政策措施，如增强装备制造产业创新集群的竞争优势、提升冶金产业创新集群的吸引力、大力支持煤化工产业集群向创新集群转变、继续推动医药产业扩大集群规模、拉动电子信息产业向集群方向发展等产业发展建议；支持创新资金投入、壮大产业技术创新规模，鼓励创新人才队伍建设、提高产业技术创新水平，构建科研协作创新网络、提升产业技术创新能力，发挥龙头企业的辐射作用、扩大产业集群规模，完善产业创新链、引导产业集群向创新集群发展等支撑性政策。

下篇聚集微观创新主体——企业的内部管理活动，对山西省的5家典型资源型高新技术企业的23名技术管理人员进行深度访谈，获得研究所需要的数据，运用多案例扎根理论与质性分析，研究山西省高新技术企业创新行为对创新绩效的影响。研究得到：①从行为特征来看，山西省高新技术企业以开发性创新为主，兼顾探索性创新；重视原始创新的积累，辅以二次创新；注重产品创新，统筹工艺创新。②从创新行为对创新绩效的影响分析来看，资源型高新技术企业创新行为的驱动因素涉及多个层次，具体包括：研发人员个体层面的创新动机、研发团队层面的团队创新环境、组织层面的企业创新环境、组织间层面的组织创新活动及宏观层面的宏观环境政策等；对于资源型高新技术企业来说，一些创新驱动因素具有与已有文献不同的内涵，如组织创新氛围强调突破“集团企业小社会文化”与“矿区文化”对创新的影响，创新成果利益分配制度需要兼顾“名”与“利”，能够使研发人员实现

“名利双收”；存在一些现有文献未探讨的新因素会对资源型高新技术企业的创新行为起到驱动作用，如领导的创新与战略意识、体制因素、引导性政策与政府主导研发项目等。据此提出如下的政策建议：改革国有资源型高新技术企业领导任期制度；完善国有资源型高新技术企业领导人员考核评价激励制度；扩大员工对领导人员的评价权重；积极制定引导性政策限制落后技术，倡导有市场前景的新技术等。

本书在撰写过程中，研究团队一方面深入企业实际调研，掌握大量一手资料；另一方面与国内外专家研讨交流，加强知识交互、思维碰撞。团队成员经多次研讨形成本书架构。

本书在撰写过程中受到山西省教育厅、山西省科技厅等单位领导的大力支持和帮助，在此表示衷心感谢！此外，本书参考了近年来国内外自主创新、创新型省份建设、创新集群发展及创新行为与创新绩效等方面的最新研究成果，因篇幅所限，在此不一一列举，谨向相关专家和学者深致谢意！由于笔者水平有限，书中难免存在疏漏和不足，敬请各位专家和读者批评指正。

# 目 录

## 上篇：山西省创新型省份建设研究

## 中篇：山西省高新技术产业创新集群发展研究

# ·上篇·

## 山西省创新型省份建设研究

# 第1章

# 绪 论

## 1.1 研究背景及意义

进入21世纪，科技创新日益成为国家间竞争的焦点，科技创新能力尤其是自主创新能力更是国家竞争力高低的决定因素。我国更是深切认识到了科技创新的重要性，并于十八届五中全会进一步强调了创新驱动是科学发展观的要求，建设创新型省份、发展区域创新能力是提升我国自主创新能力的关键问题之一。

山西省作为我国重要的能源和工业基地，它的发展对于提高我国综合国力具有非常重要的意义。然而，这些年山西省经济发展落后，国民生产总值排名持续20名以后，导致其经济发展落后的主要原因是山西省经济的增长过度依赖于资源的开发和利用，忽视了科技创新对于经济的促进作用。因此，要想改变山西省经济的发展现状，必须把科技创新放在首要位置，即把提高自主创新能力作为促进山西省经济发展的路径。

为了加快山西省经济的发展，提高自主创新能力，山西省近几年做了大量努力，但山西省的自主创新能力仍旧较为落后，由中国科技发展战略研究小组完成的《中国区域创新能力评价报告》(2011—2015年)显示：从全国看，2010—2015年山西省区域创新能力综合水平居全国中下游水平，并呈逐年下降趋势，由2010年的第17位下降到了2015年的第25位。山西省作为典型的资源型区域，长期依靠高投入、高增长的经济增长方式已经无法适应知识经济社会的要求，如何实现区域经济转型发展、提高区域的可持续发展能力是当前山西省必须解决的重要问题。因此，从广义区域创新理论的角度研究创新型省份建设所需要的要素与机制具有重要的理论与实践意义。

采用文献研究的方法，建立创新型省份建设的理论框架，揭示创新型省份建设的思路。以山西省创新型省份的建设为主要研究对象，研究山西省建设创新型省份所需的创新要素与条件。分别从区域竞争力、区域创新能力、区域创新产出、区域创新创业生态及区域创新特色优势等方面分析山西省建设创新型省份的现状，探讨山西省创新型省份建设中存在的问题，提出山西省创新型省份建设的实施方案与政策措施建议，对促进山西省创新驱动发展、实现区域经济转型具有重要的现实意义。

## 1.2 相关基础理论与文献综述

关于创新的大量理论成果出现在不同学术领域研究中，组织社会学领域研究创新产生过程中创新与组织之间的关系；创新的经济学模型则侧重于规模、市场竞争、资源与组织冗余等要素对创新的影响；系统理论将创新看作多个组织互动、协作的结果。

### 1.2.1 相关基础理论

与创新型省份建设相关的基础理论主要包括：创新系统理论、社会技术系统理论与多层次要素理论。

#### 1.2.1.1 创新系统理论

创新系统理论将创新视为不同行动者之间的互动过程，认为创新行为并不是孤立存在的，是多种要素互动的关系，强调学习是创新过程中的关键要素。在创新过程中，企业不仅要和其他企业互动，更需要与非市场组织，如大学、科研院所、政府机构、金融机构等密切合作[1]。

创新系统理论重在研究与创新相关的制度，它把一系列与技术创新的生成、扩散与应用有关的行动者所构成的网络作为主要考察对象，研究各个子系统之间（包括产学研合作系统、官产学研系统等）如何互动协调而促进创新，或者如何因不协调而阻碍创新等问题[2]。

创新系统理论提出创新发展所需要的技术、市场和制度协调配置问题，系统中的各种要素，如大学、研究院所、企业、政府等都是嵌入在特定的经济社会制度环境中的[3]，并非建立一系列的制度就能自发地促进创新，而是需要以创新为导向，建立和培育促进创新的制度环境，努力促进各子系统的协调才能促进创新。

因此，根据创新系统理论，在建设创新型省份时，需要考虑各创新主体间（产学研合作）的合作创新方式、频率、密切程度等对创新型省份建设的影响。

#### 1.2.1.2 社会技术系统理论

社会技术系统理论是将组织创新与技术创新列入同一个框架下进行研究的理论。该理论认为一个企业同时包括两个系统，一个是面向社会的系统，另一个是面向技术的系统。企业为了实现产出最优化，其技术系统的变革应该与其社会或管理系统的变革相适应[4]。社会结构的变化为技术系统创新的修正或引入提供了刺激因素；技术系统的创新也促进了社会结构的调整[5]。因此，技术创新和社会组织领域创新的协同是持续创新的保证[6]。

组织创新是组织变革以寻找适合本企业需要的行之有效、运转灵活、推动技术创新的过程。不适应技术创新的组织文化不仅会造成许多创新项目失败[7]，而且会造成企业具有较高的死亡率[8]。

组织创新往往更易于引发随后的技术创新，从长期视角来看，组织创新对企业整体绩效的影响力要大于技术创新。研究发现企业间开发新产品效率的差异不是由研发资源的投入，而是由是否有效利用研发资源[9]决定的。组织创新与技术创新的协同是技术创新效率的保证。

在技术创新与组织创新协同发展过程中，会产生一个与其相称的新动力机制，以及相应的能力、组织结构与战略等。技术创新与组织创新的协同作用体现在组织结构及由此形成的交流机制与技术创新的协同效应上，组织结构决定企业的责任和权力分配、交流机制、管理制度和运作工艺，从而在创新决策、运作机制和效率上影响技术创新。同时技术创新也是不断调整组织结构的过程[10]，企业技术创新的构思应与组织结构发展相适应[11]；企业会优先进行组织创新，进而确定技术创新的方式与机制[12]。

根据社会技术系统理论，社会结构变革会促进技术创新。因此，在组织层面需要考察管理体制、组织管理制度如创新成果收益分配制度与创新激励制度等对创新型省份建设的影响。

#### 1.2.1.3 多层次要素理论

多层次要素理论强调个人创新态度、管理者特征、组织规模与环境等多种要素对组织创新与技术创新的影响[13]。例如，知识资源与组织规模对创新的影响比较显著[14]，领导者特质对创新行为具有引领与推动作用[15]。

Damanpour[16]认为组织层次独特性、专业化、功能分化、中央集权化、对创新的管理态度、技术知识资源、管理强度、组织冗余、内外部沟通等因素，均会对创新产生影响。Drazin等[17]提出工作环境、财务管理等也会对企业创新产生影响。Pretorius 等[18]认为管理者的民族与性别、管理经验、创业规模与企业所处的生命周期阶段等要素会对企业创新行为产生一定的调节作用。

除了微观因素对创新的影响之外，一些宏观因素也会对创新产生作用。Becheikh 等[19]提出企业所在的行业、区域，政府规制等要素均会对企业创新行为产生影响。

因此，根据多层次要素理论，在分析影响创新型省份建设的环境因素时，不仅需要考虑组织微观环境因素（如组织结构、管理者特征、组织支持等），还需要考虑宏观环境因素（如政府的支持与限制政策等）。

## 1.2.2 文献综述

从国内外现有文献来看，相关研究主要从创新型省份的内涵、区域创新体系的构成、自主创新的内涵、自主创新能力的内涵 4 个方面展开。

### 1.2.2.1 创新型省份的内涵与评价指标

关于创新型省份内涵的研究常见于国内的研究文献，如金吾伦等[20]认为创新型城市就是以持续不断的创新，推动、促进整个城市在新技术突破及其产业化基础上实现经济社会的发展，从根本上改变原有的经济增长方式，使经济结构实现根本性的调整。叶琳[21]提出创新型省份的内涵为构建有特色的区域创新体系，把增强区域自主创新能力作为核心，大幅提高科技综合实力，形成有效的竞争优势。徐子青[22]认为创新型省份是把科技创新作为基本战略，大幅提高科技综合实力、区域创新能力、公众科学素质，形成有效竞争优势的省份。

还有一些学者探讨创新型省份或城市的评价指标。例如，张世运等[23]提出了创新型城市的 3 个要素：产业创新为核心要素，资源、政策、环境和机构为支撑要素，制度、文化、组织管理、金融与市场等方面的创新为具体要素。陈毓寰[24]提出创新型省份建设应该包括观念和体制机制的创新、构建具有特色的区域创新体系、增强企业创新能力、发展创新文化并培育全社会的创新精神。

波士顿咨询集团和美国全国制造商协会提出了由制度、人力资本、基础设施、市场完善度、商业完善度 5 个创新输入指标和科学输出、创新输出两个输出指标构成的全球创新指数[25]。澳大利亚研究机构 2thinknow 构建了包括文化资产、人力资本、市场网络和专利授予4个方面的全球创新城市评估指标体系[26]。高锡荣、黄娜[27]对我国主要城市的自主创新层次结构进行了划分，从城市群组合的角度构建了环渤海创新区、长江流域创新区和珠三角创新区。

因此，创新型省份的建设应该包括创新型社会基础、创新型经济形态与创新型区域布局。

#### 1.2.2.2　区域创新体系的构成

区域创新体系（RIS）自国家创新体系产生以后，在世界范围内掀起了一个创新体系的研究热潮。1992年，英国加的夫（Cardiff）大学的库克教授最早提出并进行较为深入的研究[28]。区域创新体系的理论来源有两个：一个是国家创新体系理论；另一个是渐进经济学和现代区域发展理论。区域创新体系的内涵是指一个区域内有特色的、与地区资源相关联的、推进创新的制度组织网络，其目的是推动区域内新技术或新知识的产生、流动、更新和转化。

Nelson[29]认为区域创新系统是为引导创新产生的区域性的制度、法规、实践等组成的系统，这个系统的地理边界并不一定限于一个国家内部，也可能由地理接近的跨国区域构成。Asheim 和 Isaksen[30]认为，区域创新体系是由支撑机构围绕两类主要行动者（即产业集群及其支撑企业，制度基础机构）及他们之间的互动作用构成的区域集群。

因此，区域创新体系包括创新资源、创新机构、创新制度与环境。

#### 1.2.2.3　自主创新的内涵

熊彼特提出创新是建立一种新的生产函数或供应函数，是在生产体系中引进一种生产要素和生产条件的新组合[31]。国外没有自主创新的概念，与之相近的为内生创新。Arrow[32]将技术进步纳入经济增长模型进行分析并将技术进步的作用内生化。Uzawa[33]则为解释内生技术变化提供了尝试的方法。Grossman[34]建立了基于创新的长期经济增长模型。Rainer等[35]认为内生创新是相对于模仿创新、系统内自发的行为。

国内学者陈劲[36]最早对自主创新进行了研究，他提出自主创新是在技术吸收、技术改进之后的一个特定的技术发展阶段。周寄中[37]认为自主创新是通过提高科技原始性创新能力、集成创新能力和引进消化吸收能力，因而拥有一批自主知识产权，进而提高国家竞争力的一种创新活动。刘凤朝等认为取得科技攻关或技术突破必须依靠或主要依靠自身的力量才能被称作自主创新。朱孔来[38]提出对自主创新的理解需要以自主为前提、以创新为目的、以获取核心技术和掌握知识产权为关键、以提高自主创新能力为核心。吴贵生、刘建新[39]认为自主创新的内涵包括：自主是前提、创新是目的，获取核心技术和知识产权是关键，提高创新能力是核心。吴贵生等[40]认为自主创新是在创新主体主导下的创新。洪银兴[41]提出自主创新主要表现为自主知识产权。

因此，可以总结自主创新为创新主体主导下的具有自主知识产权的创新。

#### 1.2.2.4 自主创新能力的构成

伯恩和斯塔克在 1961 年提出创新能力是组织成功采纳或实施新思想、新工艺及新产品的能力；拉里将企业技术创新能力看作组织能力、适应能力、创新能力和技术信息获取能力的集合；赛文穆勒认为技术创新能力是产品开发能力、改进生产技术能力、储备能力与组织能力的综合；拉尔·兰姆拉坦认为创新能力是有效吸收、掌握和改进现有技术并创新新技术所需要技能和知识的能力；拜伦·托洛特认为企业创造创新产出的潜力就是企业的创新能力[42]。

魏江[43]认为技术创新能力包括研究开发能力、制造能力、市场营销能力、资金投入能力和组织能力。许庆瑞[44]提出技术创新能力是需要研发能力、营销能力和工程转化能力在内的多种不同能力相互配合的能力。温瑞珺[45]认为自主创新能力包括研究与发展能力、生产产品能力、成果转化能力及自我管理能力。朱孔来[38]将自主创新能力分为创新资源投入能力、创新载体建设水平和承载能力、创新环境保障能力和创新成果的产出能力。陈红喜等[46]构建了城市自主创新能力水平的评价指标体系，主要包括：知识创造、知识获取、知识应用、创新环境与创新的经济绩效 5 个方面。周元、王海燕[47]认为自主创新能力是在区域创新体系内，以企业为主体的技术创新条件及实现能力的综合水平。

中国科技发展战略研究小组将区域创新能力定义为：一个地区将知识转化为新产品、新工艺和新服务的能力，是基于知识创新、知识获取能力、企业创新能力、创新环境与管理能力和创新绩效 5 个方面的综合反映[48]。刘凤朝等[49]认为可以通过资源能力、载体能力、环境能力、成果能力和品牌能力来评价自主创新能力。赵彦云、甄峰[50]认为自主创新能力包括资源能力、攻关能力、技术实现能力、价值实现能力、人才实现能力、辐射能力、支撑发展能力和网络能力。宋伟等[51]提出可以从创新基础、创新投入与创新产出3个方面评价自主创新能力。徐国泉[52]认为自主创新能力是多种能力复合作用的结果，既包括创新主体对资源的掌握和运用能力，也包括使创新主体资源能力得以实现的载体能力和环境能力；既包括科技成果的创造能力，也包括市场品牌的培育能力。马溪骏、高袁袁[53]认为应该从创新的投入能力、管理能力、保障能力与产出能力来评价自主创新能力。方创琳等[54]构建了包括创新平台建设指数、创新要素投入指数与创新成果转化指数在内的城市自主创新能力指数。

## 1.3 文献述评

通过分析和总结国内学者对创新型省份内涵及评价指标、区域自主创新、区域自主创新能力及它们的内涵和构成等方面的研究文献，发现很少学者从区域创新系统的角度出发来研究区域创新型省份的构成。

本研究认为创新型省份建设是区域层面上创新主体依靠自身具有的特色创新系统，通过优化配置创新资源，创造新技术、知识，并依据创造出的技术与知识进行创业或提供服务从而实现商业化，最终推动区域经济发展。创新型省份建设评价应该包括区域竞争力、区域创新能力、区域创新产出、区域创新创业生态及区域创新特色优势等方面的内容。

# 第2章

# 山西省创新型省份建设现状评价

2016年4月科技部印发了《建设创新型省份工作指引》，其中明确提出了建设创新型省份的指标体系。具体来看，该指标体系主要从区域竞争力、区域创新能力、区域创新创业生态与区域创新特色优势4个方面对创新型省份建设状况进行衡量。因此，以下分别从这4个方面对山西省创新型省份建设现状进行评价。

## 2.1 区域竞争力不足

区域竞争力是能支撑一个区域持久生存和发展的力量，即一个区域在竞争和发展的过程中与其他区域相比较，所具有的吸引、争夺、拥有、控制和转化资源，争夺、占领和控制市场的能力，为其自身发展所具备的资源优化配置能力，也可以说，是一个区域为其自身发展对资源的吸引力和市场的争夺力。主要体现在创新实力、企业创新与产业创新3个方面。

### 2.1.1 创新实力有限

区域创新实力是一个区域科技创新能力的总和。主要通过以下几个指标来衡量：综合科技进步水平指数、全社会研究与试验发展（R&D）经费支出占地区生产总值（GDP）的比重、科技公共财政支出占公共财政支出的比重。

#### 2.1.1.1 山西省综合科技进步水平居全国中下游

首先，从综合科技进步水平指数得分来看，2015年山西省综合科技进步水平有所提高。2015年山西省综合科技进步水平指数为52.20%，较2014年（49.53%）上升了2.67%，上升速度居全国第9位，但仍旧低于全国平均水平66.49%。

其次，从综合科技进步水平指数得分排名来看，2015年山西省综合科技进步水平的位次没有变化，仍旧位列全国第17名[（2015年全国31个省

（区、市）综合科技进步水平指数得分及排名情况如图 2-1 所示）]。落后于中部的湖北省（62.84%）、安徽省（54.97%）与湖南省（54.29%），但高于中部的河南省（47.21%）、江西省（44.92%）。

最后，从综合科技进步水平指数的构成来看，2015 年山西省科技进步环境指数得分由 2014 年的 49.27% 下降为 47.62%，排名也由第 19 位下降为第 22 位，主要原因在于科研物质条件变差。

2015 年山西省科技活动投入指数得分由 2014 年的 56.38% 下降为 54.46%，排名由第 14 位下降为第 15 位，主要原因在于科技活动财力投入不足。

2015 年山西省科技活动产出指数得分为 35.43%，相较于 2014 年该指数得分的提升幅度为 5.04%，高于全国平均提升幅度 4.97%；从提升幅度的排名来看，山西省排第 5 位；但从该指数的绝对值排名来看，山西省排第 18 位，仍处于相对落后位置。

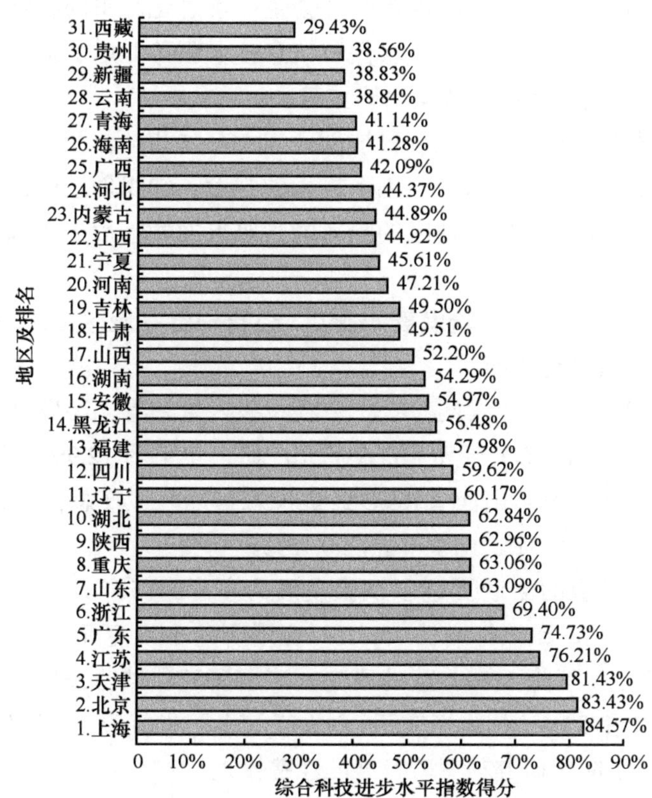


**图 2-1　2015 年全国 31 个省（区、市）综合科技进步水平指数得分及排名情况**

2015年山西省高新技术产业化指数由2014年的36.89%提高为43.38%，提升了6.49%，高于全国平均提升幅度2.12%，属于提升幅度最大的5个省份之一。但从该指数的绝对值来看，山西省排第26位，处于落后位置。一方面，说明2015年山西省加快了高新技术产业的发展速度；另一方面，也说明山西省长久以来的资源型经济极大地限制了高新技术产业的发展，造成了山西省高新技术产业基础薄弱的现状。

2015年山西省科技促进经济社会发展指数得分由2014年的65.73%上升为71.29%，略低于全国平均水平71.66%；从该指数的排名来看，山西省由2014年的第11位上升为第9位，即进入了上游位置。这反映出山西省在科技促进经济社会发展方面取得了一定的成绩，主要表现在提高了能够体现经济发展方式转变的指标，如劳动生产率、资本生产率、综合能耗产出率及装备制造业区位熵等；提高了能够改善环境质量的指标，如环境质量指数、环境污染治理指数等；提高了能够提升社会生活信息化水平的指标，如万人国际互联网上网人数，信息传输、软件和信息技术服务业增加值占生产总值比重及电子商务消费占居民消费支出比重等。

以上数据说明山西省的综合科技创新实力有限和地位相对落后，其在人力资本和研发机构的集聚水平、创新投入的强度、知识创造的规模、技术成果扩散的溢出效应、对周边地区的辐射能力等方面均落后于东部沿海及部分中部地区。

#### 2.1.1.2 全社会研究与试验发展（R&D）经费支出占地区生产总值（GDP）的比重低于全国平均水平

首先，从研究与试验发展（R&D）经费投入量来看，2015年山西省投入研究与试验发展（R&D）经费132.5亿元，比上年下降12.9%；从R&D经费投入强度来看，2015年山西省R&D经费投入与地区生产总值之比（即R&D投入强度）为1.04%，比2014年降低0.15%。

（1）R&D经费的活动类型以试验发展为主。2015年，山西省投入基础研究经费7.2亿元，比上年增长15.3%；应用研究14.5亿元，下降7%；试验发展110.8亿元，下降15%。基础研究、应用研究、试验发展所占比重分别为5.4%、11%和83.6%。即相较于2014年，山西省提高了基础研究的经费投入，但降低了应用研究与试验发展的经费投入。

（2）R&D经费的执行部门以企业为主体。2015年，山西省企业R&D经费105.1亿元，比上年下降18.4%；政府研究机构15.5亿元，增长25.9%；高等学校 11.4 亿元，增长 7%；其他 0.5 亿元，增长 10.5%。企业、政府研究机构、高等学校、其他所占比重分别为 79.3%、11.7%、8.6% 和 0.4%。即相较于 2014 年，企业 R&D 经费大幅下降，但政府研究机构与高校的 R&D 经费显著上升。

（3）R&D 经费投入的产业部门以新技术产业为重点。2015 年，山西省 R&D 经费投入超过亿元的行业有 11 个，其合计占全省规模以上工业企业 R&D 经费的比重为 95.3%；R&D 经费投入强度（与主营业务收入之比）达到或超过 1% 的行业有 9 个（表 2-1）。

表2-1 2015年山西省分行业规模以上工业企业R&D经费情况

| 行业 | 经费投入/万元 | 投入强度 |
|---|---|---|
| 采矿业 | 316 558 | 0.52% |
| 煤炭开采和洗选业 | 311 158 | 0.54% |
| 石油和天然气开采业 | 5051 | 0.87% |
| 黑色金属矿采选业 | 350 | 0.02% |
| 制造业 | 690 089 | 0.94% |
| 农副食品加工业 | 4051 | 0.13% |
| 食品制造业 | 2423 | 0.24% |
| 酒、饮料和精制茶制造业 | 3823 | 0.19% |
| 纺织业 | 1311 | 0.35% |
| 纺织服装、服饰业 | 1731 | 0.81% |
| 造纸和纸制品业 | 366 | 0.25% |
| 印刷和记录媒介复制业 | 513 | 0.31% |
| 文教、工美、体育和娱乐用品制造业 | 863 | 1.10% |
| 石油加工、炼焦和核燃料加工业 | 3392 | 0.04% |
| 化学原料和化学制品制造业 | 53 408 | 0.82% |
| 医药制造业 | 33 139 | 1.91% |
| 橡胶和塑料制品业 | 7009 | 1.00% |
| 非金属矿物制品业 | 9443 | 0.29% |
| 黑色金属冶炼和压延加工业 | 318 918 | 1.64% |
| 有色金属冶炼和压延加工业 | 15 993 | 0.27% |
| 金属制品业 | 44 800 | 0.80% |
| 通用设备制造业 | 13 039 | 0.95% |

续表

| 行业 | 经费投入/万元 | 投入强度 |
| --- | --- | --- |
| 专用设备制造业 | 58 084 | 2.37% |
| 汽车制造业 | 23 958 | 2.71% |
| 铁路、船舶、航空航天和其他运输设备制造业 | 29 092 | 2.08% |
| 电气机械和器材制造业 | 59 537 | 4.54% |
| 计算机、通信和其他电子设备制造业 | 1413 | 0.02% |
| 仪器仪表制造业 | 3785 | 1.65% |
| 电力、热力、燃气及水生产和供应业 | 2302 | 0.01% |
| 电力、热力生产和供应业 | 2302 | 0.02% |
| 总计 | 1 008 950 | 0.67% |

从表 2-1 可以看出，医药制造业是高技术产业中R&D经费投入与投入强度最高的行业，分别为 33 139 万元与 1.91%；电气机械和器材制造业是新技术产业中R&D经费投入与投入强度最高的行业，分别为 59 537 万元与 4.54%，而专用设备制造业次之，分别为 58 084 万元与 2.37%。

其次，与中部六省相比较，山西省R&D经费投入处于落后位置。2015 年，山西省R&D经费投入量在中部六省中排第 6 位，仅是湖北省R&D经费投入的 23.59%，河南省的 30.46%；R&D经费投入强度排第 5 位，比上年下滑 1 位（中部六省R&D经费投入量与投入强度如图 2-2 所示）。

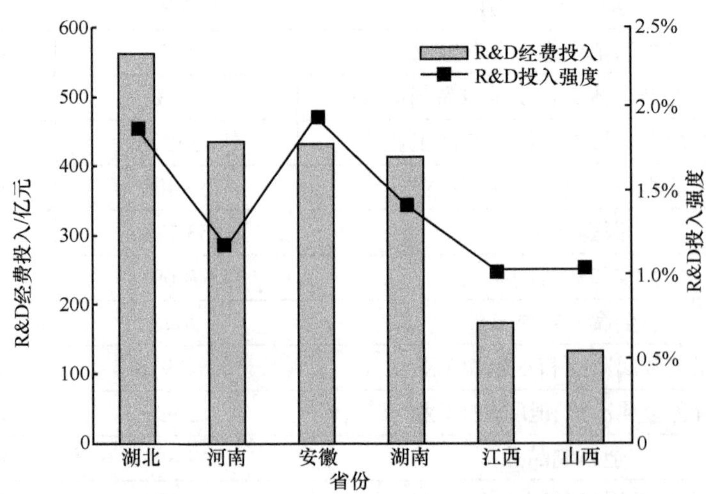


图 2-2　2015 年中部六省 R&D 经费投入量与投入强度

最后，相比于全国其他 30 个省（区、市），山西省R&D经费投入居下游水平。2015 年，全国R&D经费为 14 169.9 亿元，排前 3 位的江苏、广东、山东分别为 1801.2 亿元、1798.2 亿元和 1427.2 亿元；山西省R&D经费投入排第 22 位，比 2014 年下滑 2 位。全国R&D经费投入强度为 2.07%，排前 3 位的北京、上海、天津分别为 6.01%、3.73% 和 3.08%；山西省R&D经费投入强度排第 20 位，比 2014 年下滑 4 位。

#### 2.1.1.3　科技公共财政支出占公共财政支出的比重不及国家平均水平的一半

2015 年，山西省地方财政科学技术支出为 55.38 亿元，比 2014 年减少 38.55 亿元，下降 40.6%。其中，科学技术科目下的科技支出 37.47 亿元，其他功能科目中用于科技的支出 17.91 亿元；山西省地方财政科学技术支出占当年山西省财政公共预算支出的比重为 1.62%。而同期，国家财政科学技术支出占当年国家财政支出的比重为 3.98%。

2015 年，山西省省本级财政科学技术支出为 30.08 亿元，其中，科学技术科目下的科技支出 12.17 亿元，其他功能科目中用于科技的支出 17.91 亿元；山西省省本级财政科学技术支出占当年山西省省本级财政公共预算支出的比重为 4.11%，高于同期国家平均水平。

### 2.1.2　企业创新水平有待提升

企业创新能力是指通过各种方法手段，应用知识和人的智力，使企业满足或创造市场需求，增强企业竞争的能力。包括：在技术上，企业能否将科学的概念转化成为用户开发的产品，并且生产、制造和提供给消费者；企业提供的产品是否能被用户认可，企业能否有效地说服用户接受自己的产品；企业是否能有效地管理这一过程，并获得一定的财务回报。

区域层面衡量企业创新水平的指标主要有：国内 500 强企业数量、高新技术企业数量与科技型中小企业占全省中小企业数量比例。

#### 2.1.2.1　国内 500 强企业数量居中部地区第 3 位

2016 年，中国企业联合会、中国企业家协会连续第 15 次向社会发布了“中国企业 500 强”名单。其中，山西省共有 10 户企业榜上有名。

与 2015 年“中国企业 500 强”上榜的 9 户山西企业相比，太钢集团强势回归、重新上榜，其余企业没有变化，只是排名顺序有所变化，整体排名位次有所后移。2015 年山西省上榜企业排名第一的山西焦煤集团位列第 48 位，而 2016 年山西省上榜企业排名第一的同煤集团则位列第 71 位。

2016 年山西省上榜企业分别为：居第 71 位的大同煤矿集团有限责任公司、居第 78 位的山西焦煤集团有限责任公司、居第 89 位的山西潞安矿业（集团）有限责任公司、居第 90 位的阳泉煤业（集团）有限责任公司、居第 93 位的山西晋城无烟煤矿业集团有限责任公司、居第 160 位的太原钢铁（集团）有限公司、居第 165 位的山西煤炭进出口集团有限公司、居第 180 位的晋能集团有限公司、居第 373 位的山西建筑工程（集团）总公司、居第 433 位的山西省国新能源发展集团有限公司。

2016 年，中部地区其他省份的“中国企业 500 强”数量分别为：安徽省 14 家、湖北省 11 家、河南省 9 家、湖南省 7 家、江西省 7 家。

#### 2.1.2.2 高新技术企业数量远远落后于中部地区其他省份

2015 年，山西省高新技术企业数量为 715 家，仅占中部地区的 6.36%。其他 5 个省份的高新技术企业数量分别为：安徽省 3100 家、江西省 1082 家、河南省 1339 家、湖北省 3242 家、湖南省 1771 家。

同期，全国共有高新技术企业 76 141 家，山西省高新技术企业数量仅占 0.939%。排名前 3 位的省市分别为：北京 10 881 家、广东省 10 649 家与江苏省 10 587 家，山西省则不足这些省市的 1/10。

#### 2.1.2.3 科技型中小企业占全省中小企业数量比例较低

截至 2014 年年底，山西省中小企业数量达 15.42 万家，占全省企业总数的 99% 以上。2014 年山西省出台的《国家创新驱动发展战略山西行动计划（2014—2020 年）》中明确提出培育科技型中小微企业，到 2020 年，山西省科技型中小微企业数量将达到 10 000 家。这说明，2014 年山西省科技型中小微企业的数量大幅低于 10 000 家，即山西省科技型中小企业数量占全省中小企业数量的比例低于 5%。

2016 年 1—8 月，山西省中小企业发展速度继续回升，主要行业增速加快，发展态势进一步企稳。中小企业实现营业收入 7522.02 亿元，按现行价格计算同比下降 0.26%（扣除价格因素，实际增长 5% 左右），环比降幅较上月收窄 0.33 个百分点；利润总额 547.21 亿元，同比下降 6.51%，环比降幅扩大 0.63 个百分点；上缴税金 390.14 亿元，同比下降 5.26%，环比降幅扩大 0.4 个百分点。

中小工业企业实现总产值 4239.21 亿元，同比下降 4.55%，环比降幅收窄 0.29 个百分点；工业销售产值 3853.51 亿元，同比下降 5.24%，环比降幅收窄 0.15 个百分点；出口产品交货值 38.77 亿元，同比下降 22.10%，环比降幅收窄 4.6 个百分点。产品产销率 90.90%，较上月下降 0.02 个百分点。

### 2.1.3　产业创新水平落后

产业创新是指某一项技术创新或形成一个新的产业，或对一个产业进行彻底改造。产业创新在许多情况下，并不是一个企业的创新行为或者结果，而是一个企业群体的创新集合。主要通过以下几个指标来衡量产业创新水平：高技术产业主营业务收入占规模以上工业企业主营业务收入比重、知识密集型服务业、产业集群基本情况。

#### 2.1.3.1　高技术产业主营业务收入占规模以上工业企业主营业务收入比重为中部最低

山西省高技术产业规模小、高技术企业数量少，高技术产业的主营业务收入也比较低。收集 2016 年中国高技术产业的统计数据，可以发现 2015 年山西省高技术产业与规模以上工业企业的主营业务收入均居中部六省末位，具体数据及高技术产业主营业务收入占规模以上工业企业主营业务收入比重如表 2-2 所示。

表2-2　2015年中部六省高技术产业及规模以上工业企业主营业务收入

| 省份 | 高技术产业主营业务收入/亿元 | 规模以上工业企业主营业务收入/亿元 | 高技术产业主营业务收入占规模以上工业企业主营业务收入比重 |
|---|---|---|---|
| 山西 | 864.71 | 15 087.98 | 5.73% |
| 河南 | 6653.76 | 73 725.14 | 9.03% |
| 安徽 | 3064.15 | 39 032.14 | 7.85% |
| 湖北 | 3655.11 | 43 179.21 | 8.46% |
| 湖南 | 3280.24 | 35 410.45 | 9.26% |
| 江西 | 3318.12 | 32 954.82 | 10.07% |

由表 2-2 看出，2015 年山西省高技术产业主营业务收入和规模以上工业企业主营业务收入在中部六省中均处于末位。河南省高技术产业主营业务收入是中部六省中最高的，数额为 6653.76 亿元，达到山西省高技术产业主营业务收入的 8 倍之多，其他四省也达到山西省的 4 倍左右。2015 年中部六省高技术产业主营业务收入的平均值为 3472.68 亿元，安徽省、湖南省、江西省和山西省均低于平均值，而山西省更是与均值有较大的差距。

规模以上工业企业主营业务收入最高的是河南省 73 725.14 亿元，是山西省 15 087.98 亿元的近 5 倍，其他四省也达到了山西省的 2 ～ 3 倍。

山西省高技术产业主营业务收入仅占规模以上工业企业主营业务收入的 5.73%，说明山西省工业企业仍旧是以传统企业为主，高技术企业在经济中的作用非常有限。而与之对比，江西省的这一比重达到了 10.07%，高技术产业对经济的引领作用正在凸显。

从全国来看，高技术产业主营业务收入排名前三的省份分别为：广东省 33 308.07 亿元、江苏省 28 530.17 亿元、山东省 11 535.26 亿元，山西省仅占这些省份的 2.59%、3.03% 与 7.50%，可以发现山西省高技术产业的发展水平远无远落后于东部及沿海省份，亟待扶持高技术产业的发展。

#### 2.1.3.2　知识密集型服务业发展缓慢

知识密集型服务业是国家衡量创新型省份建设的重要指标之一。关于知识密集型服务业的界定，国内外有许多不同的观点。DenHertog 认为知识密集型服务业是那些主要依赖专业知识（如与某些专门领域相关的知识或技能）来提供知识型的中间产品和服务的组织。Muller 更直接地认为，知识密集型服务业可以广泛地理解为咨询公司或者是那些主要为其他组织发展提供高智力、高附加值服务的组织。结合以上学者的观点，可以认为知识密集型服务业是指那些以知识活动（知识创造、转移和共享等）为基础的，提供专业咨询或服务的组织。

因此，结合知识密集型服务业的界定、我国国民经济行业分类和国际标准产业分类标准，可以将知识密集型服务业划分为四大类十四小类，即金融业（银行业、证券业、保险业和其他金融活动等）、信息与通信服务业（电信及其他通信服务业、计算机服务业、软件业等）、科技服务业（研究与试验发展、专业技术服务业、工程技术与规划管理、科技交流和推广服务业等）和商务服务业（法律服务、咨询与调查、其他商务服务等）。

首先，从金融业的发展状况来看，山西省金融业有了一定程度的发展，但与同类型省份相比仍有较大的差距。2015 年山西省金融业的增加值为 1140.54 亿元，比 2014 年上升了 243.28 亿元，增长率为 27.11%。山西省金融业的增加值在中部六省居第 4 位，仅占河南省的 42.72%；从中部六省金融业增加值的平均值来看，均值为 1371.42 亿元，山西省金融业增加值占中部六省均值的 83.16%。可见山西省在金融业上虽有一定实力，但仍有很大的进步空间。

其次，从软件和信息技术服务业来看，2016 年 1—11 月山西省软件和信息技术服务业收入在全国 31 个省（区、市）中排倒数第 3 位，在中部六省中排最后一位，仅占全国软件和信息技术服务业总收入的 0.04%。

2016 年 1—11 月，全国软件和信息技术服务业完成主营业务收入 431 328 998 万元。中部六省中湖北省的软件和信息技术服务业收入最高，为 11 620 541 万元，山西省仅为 172 723 万元，占中部六省总收入的 0.8358%。

最后，山西省科技服务业发展滞后，存在企业数量少、规模小的问题。在 2015 年《山西省人民政府关于推进科技服务业发展的实施意见》中，提出了到 2020 年的发展目标，即：科技服务机构超过 500 家，培育 50 家省级示范服务机构，打造 5 家功能强大、面向全省域的知名品牌服务机构。

#### 2.1.3.3　创新型产业集群数量少

据相关数据显示，截至 2016 年 6 月，山西省有各类产业集群 80 多个，主要集中在煤焦化、冶金、医药、食品加工、装备制造、玻璃器皿等领域，涉及企业约 4000 家，从业人员达 100 万人。

在科技部认定的 32 家创新型产业集群试点单位与 38 家创新型产业集群试点（培育）单位中，山西省仅有 2 家（太原不锈钢产业集群和榆次液压产业集群）被列为创新型产业集群试点（培育）单位。未来一方面需要充分发挥已有的创新型产业集群的品牌示范效应，吸引和培育科技型企业，带动区域经济的发展；另一方面，需要有效整合区域创新主体和要素，尽快将其余的产业集群培育为创新型产业集群，推进区域创新发展。

### 2.1.4　科技型中小企业数量少

截至 2015 年年底，山西省共有中小微企业（法人单位）18.25 万户，全年完成营业收入 2.33 万亿元。山西省企业从业人员存量的 75%、增量的 85% 以上都是中小微企业提供的。中小微企业创造了山西省约 65% 的发明专利、75% 以上的企业技术创新成果和 80% 以上的新产品开发。

但山西省科技型中小微企业数量少，2014 年山西省累计认定科技型中小企业 186 家。为了促进科技型中小企业发展，山西省决定建立省级“新三板”挂牌后备企业资源库。入围 2016 年山西省“四新”中小企业的 174 家企业中，13 家企业为“新三板”挂牌企业。

与此相比，2015 年与 2016 年，河南省累计备案 3013 家科技型中小企业。截至 2016 年年底，河南省累计培育“科技小巨人”企业 13 家，“科技小巨人（培育）”企业 343 家。同期，河北省认定的科技型中小企业达 41 953 家、

“科技小巨人”企业2162家；湖北省累计培育了591家列入“科技型中小企业成长路线图计划”的企业，其中有11家企业已上市，26家企业在“新三板”挂牌，160家企业成为湖北省上市后备企业。

因此，对比河南、河北和湖北等省份科技型中小企业的发展状况，可以发现山西省的科技型中小企业无论是在绝对数量上，还是在发展规模与发展质量上，均与这些省份有很大的差距，根本无法发挥科技型中小企业作为区域经济新动能的作用。

## 2.2 区域创新能力较低

区域创新能力是指一个地区将新知识转化为新产品、新工艺、新服务的能力，其核心是促进创新机构间的互动和联系，表现为对区域社会经济系统的贡献能力。对区域创新能力的衡量可以从创新人才和创新载体两个方面进行分析。

### 2.2.1 创新人才缺乏

创新人才，就是具有创新意识、创新精神、创新思维、创新知识、创新能力并能够用自己的创造性劳动取得创新成果，在某一领域、某一行业、某一工作上为社会发展和人类进步做出了创新贡献的人。在创新型省份评价过程中，主要体现在省内研发人员数量、国家重大人才工程入选人数、省级人才工程引进人才数及公民的基本科学素质等指标。

#### 2.2.1.1 山西省研发人员数量居中部下游水平

2015年山西省研发人员投入总量为66 063人，仅占全国研发人员投入总量的1.2%，占中部地区的6.7%。

首先，从规模以上工业企业研发人员来看，2015年中部六省规模以上工业企业研发人员的数量分别是：山西省39 375人，安徽省146 549人，河南省185 059人，江西省51 750人，湖北省140 318人，湖南省117 750人。山西省规模以上工业企业研发人员的投入量在中部六省中居第6位，投入不足，严重影响了工业企业的创新能力与创新发展水平。

其次，从高等院校的研发人员投入情况来看，2015年中部六省高等院校研发人员数量分别为：山西省15 225人，安徽省27 710人，河南省26 290人，江西省13 083人，湖北省34 086人，湖南省34 608人。从研发人员投入的绝对量来看，山西省在中部六省中居第 5 位，略高于江西省；在全国 31 个省（区、市）中，山西省排名第 21 位，属于中下游水平。高校研发人员投入数量少，影响了山西省高校的创新水平与创新产出，无法为企业提供有效的基础理论支持。

最后，从研究与开发机构的研发人员投入情况来看，2015 年中部六省研究与开发机构的研发人员数量分别为：山西省 5536 人，安徽省 11 463 人，河南省 15 404 人，江西省 6040 人，湖北省 16 295 人，湖南省 8430 人。山西省在中部六省中居第 6 位，属于下游水平；在全国居第 21 位，处于中下游位置。研发人员投入不足，制约了山西省的研究与发展机构的发展，影响了创新效率与应用研究创新产出。

#### 2.2.1.2　国家级与省级的人才工程数比较少

2014 年全国“国家重大人才工程”入选者为 667 人，山西省入选 1 人。2015 年全国“国家重大人才工程”入选者为 622 人，其中山西省入选 1 人，现就职于中国科学院山西煤炭化学研究所。而中部其他五省的入选人数分别为：湖北省 53 人，安徽省 28 人，湖南省 2 人，河南省和江西省各 1 人。2016 年全国“国家重大人才工程”入选者为 601 人，而山西省没有人入选。累计来看，2014—2016 年，全国“国家重大人才工程”入选总人数为 1890 人，中部地区入选人数较多的省份为湖北省和安徽省，山西省仅有 2 人入选，不到总人数的 0.12%。显然，山西省人才匮乏、缺少领军人物。

截至 2017 年 9 月，山西省累计有 20 人入选“万人计划”领军人才，湖北省有 132 人入选国家“万人计划”领军人才，安徽省有 34 人入选国家“万人计划”领军人才，河南省有 26 人入选国家“万人计划”领军人才，湖南省有 40 人入选第二批国家“万人计划”领军人才。

2015 年山西省共有 2 名学者入选为“长江学者”，在中部六省中居于第 3 位，和居第一位的湖北省 37 名“长江学者”相比，山西省极度缺少高层次学术人才。

以上数据说明山西省缺少青年拔尖人才、领军人才与高层次学术人才，而这类人才的缺乏会极大地制约区域经济转型与创新发展。

#### 2.2.1.3　公民具备基本科学素质水平居全国中游位置

山西省各地各部门围绕全省发展大局，联合协作，未成年人、农民、城镇劳动者、领导干部和公务员、社区居民等重点人群科学素质行动措施扎实，带动了全民科学素质水平整体提高。科技教育与科普活动广泛开展、科普资源不断丰富、大众传媒特别是新媒体科技传播能力显著增强、科普基础设施建设加快发展、科普人才队伍建设进展顺利，公民科学素质建设的公共服务能力得到进一步提升。2015 年全国有 16 个省（区、市）的公民科学素质水平超过 5%[55]，山西省公民具备科学素质的比例达到 5.27%，居全国中游位置，与 2010 年的 2.91% 相比提高了 81%，超额完成“十二五”国家下达山西省 4.56% 的共建目标，显著缩小了与发达省市的差距。

山西省作为典型的资源型经济地区、中部欠发达省份，目前公民科学素质水平低于全国平均水平，而且与发达省市相比仍有不小差距。2015 年我国公民具备基本科学素质的比例达 6.20%，京津沪地区的这一比例已达 10%。山西省公民科学素质水平低、发展不平衡，不能充分支撑山西创新驱动发展的需要。

### 2.2.2 创新载体数量有限

创新载体是指在创新的过程中把具体的的内容方式、目标任务，融合于具体的部门和工具之中，化无形为有形，变抽象为具体，使目标能够更方便实现。可以通过国家自主创新示范区、高新技术产业开发区、农业科技园区、可持续发展实验区、实验室、工程技术研究中心和产业技术创新战略联盟等指标来衡量。

#### 2.2.2.1 国家自主创新示范区、高新技术产业开发区数量少

（1）山西省尚未建立国家自主创新示范区。截至 2016 年年底，我国已经建立了 17 家国家自主创新示范区。中部六省中，湖北省、湖南省、河南省、安徽省已先后创办了国家自主创新示范区，分别为：武汉东湖国家自主创新示范区、长株潭自主创新示范区、郑洛新国家自主创新示范区、合芜蚌国家自主创新示范区。山西省正在积极准备申报工作，但尚未取得成果。

（2）山西省高新技术产业开发区发展水平落后。截至 2015 年年底，山西省共有 2 个国家级高新区：太原高新技术产业开发区、长治高新技术产业开发区，两大园区内分别有 1134 家和 90 家企业，从业人员数量为 129 143 人和 51 966 人，园区内获得销售收入分别为 1553.96 亿元和 210.31 亿元。虽然山西省高新技术产业开发区已经取得了一定的成绩，但与中部其他省份相比仍有较大的差距（2015 年年底中部六省国家级高新区基本情况如表 2-3 所示）。

表2-3　2015年年底中部六省国家级高新区基本情况

| 省份 | 国家级高新区数/个 | 企业数/家 | 从业人员数/人 | 销售收入/亿元 |
|---|---|---|---|---|
| 山西 | 2 | 1224 | 181 109 | 1764.27 |
| 安徽 | 4 | 1743 | 360 054 | 5381.26 |
| 湖南 | 6 | 2040 | 580 447 | 8214.27 |
| 江西 | 7 | 1263 | 342 628 | 4902.61 |
| 河南 | 7 | 2153 | 592 598 | 7586.38 |
| 湖北 | 7 | 5186 | 1 077 203 | 14 984.14 |

由表 2-3 可以看出，不论是从国家级高新区数量，还是从高新区发展质量上来看，山西省均居中部末位。山西省国家级高新区数量占中部地区的 6.06%，销售收入占中部六省的 4.119%。山西省园区内企业的产出能力有限，园区内拥有企业 1224 家，创造的销售收入为 1764.27 亿元，与之相比，排在第 5 位的江西省，其园区内拥有企业 1263 家，却创造了 4902.61 亿元的销售收入。相比较可以发现，江西省用 1.0318 倍于山西省的企业创造了 2.78 倍于山西省的销售收入。

从全国来看，截至 2015 年年底，全国设立了 146 个国家级高新区，而山西省仅占 0.136%；全国高新区实现销售收入 253 662.8213 亿元，而山西省仅占 0.6955%。山西省国家级高新区数量少，发展水平落后，无法满足山西省创新型省份建设的需要。

#### 2.2.2.2　农业科技园区、可持续发展实验区发展压力大

首先，山西省可持续发展实验区有了一定程度的发展，但与中部发展较快的省份相比仍有一定的差距。截至 2015 年年底，山西省拥有国家级可持续发展实验区 8 家，省级可持续发展实验区 14 家。与此相比，同属于中部地区的河南省拥有国家级可持续发展实验区 11 家、省级可持续发展实验区 16 家。山西省在这方面仍需做更多的努力。

其次，山西省农业科技园区的发展状况与中西部及相邻省份有较大的差距。截至 2015 年年底，山西省仅有 2 个国家级农业科技园区。中部地区的江西省、河南省、安徽省拥有国家级农业科技园区的数量分别为：7 个、12 个与 11 个，西部地区的青海省也拥有 5 个国家级农业科技园区。山西省国家级农业科技园区的数量远远落后于这些中部与西部地区的省份，科技引领农业发展的作用尚未显现。

#### 2.2.2.3 国家级和省级重点实验室、工程技术研究中心数量较少

首先，山西省在国家级和省级重点实验室建设方面取得了一定的成绩，但数量上与中部其他省份仍有一定的差距。截至 2015 年年底，山西省仍有 8 个国家重点实验室，58 个省级重点实验室，国家实验室主要做煤转化、量子光学、先进不锈钢材料、动态测试技术和冶金设备设计理论与技术等方面的研究，省级实验室主要做煤、医学、农学、化学、材料学等方面的研究。这些实验室的研究领域具有一定的区域特色，但缺少对战略性新兴领域的研究，对区域经济转型发展的技术支持作用有限。

同期，安徽省共有 9 个国家级重点实验室，2 个国家级重点实验室培育基地，106 个省级重点实验室；湖北省国家级重点实验室达到 28 个，企业国家重点实验室达到 6 个，省级重点实验室达到 149 个；湖南省有 18 个国家级重点实验室，4 个国家级重点实验室培育基地，160 个省级重点实验室，6 个省重点实验室培育基地；江西省有 4 个国家级重点实验室，138 个省级重点实验室；河南省拥有 12 个国家级重点实验室，153 个省级实验室。

从以上数据可以看出，山西省国家级重点实验室略高于江西省，但从重点实验室的总数来看，山西省仍旧处于中部六省的末位。从重点实验室的研究领域来看，山西省缺少从事计算机软件、微生物学、水资源、遗传学、病毒学、物理学、杂交水稻、电力、汽车制造、动车牵引等方面研究的实验室。

其次，山西省国家级工程技术研究中心数量少，居全国下游水平。国家级工程技术研究中心以加强科技与经济结合、促进科技成果转化为宗旨，通过提升自主创新能力、工程化及产业化能力，进而推动传统产业技术水平提升，促进新兴产业崛起。截至 2015 年年底，山西省仅有一家国家级工程技术研究中心——山西潞安集团“国家煤基合成工程技术研究中心”。

同期，全国共建成国家级工程技术研究中心 346 个，其中：北京市 67 个，山东省 36 个，江苏省 29 个，上海市 21 个，湖北省 19 个，四川省 16 个，湖南省和浙江省各 14 个，辽宁省 12 个，重庆市、天津市和河南省各 10 个，安徽省 9 个，江西省 8 个，陕西省、黑龙江省和福建省各 7 个，新疆维吾尔自治区 6 个，吉林省、甘肃省和贵州省各 5 个，河北省和云南省各 4 个，广西壮族自治区和宁夏回族自治区各 3 个，海南省和内蒙古自治区各 2 个，青海省和山西省各 1 个。

在省级工程技术研究中心建设方面，山西省共建立了 96 个省级工程技术研究中心。中部地区其他省份的省级工程技术研究中心分别为：安徽省 548 个、湖北省 384 个、湖南省 283 个、江西省 255 个、河南省 914 个。可以发现，

山西省在省级工程技术研究中心建设方面与中部其他省份有很大的差距。

#### 2.2.2.4　产业技术创新战略联盟等产学研用创新平台亟待加强支持力度

通过加快建立以企业为主体、市场为导向、产学研相结合的技术创新体系，推动产业技术创新战略联盟的构建与发展，将更好地促进产学研相结合协作发展。产业技术创新战略联盟是产学研相结合的重要载体，截至 2016 年年底，山西省拥有国家级产业技术创新战略联盟 1 个，共有产业技术创新战略联盟 21 个。山西省产业技术创新战略联盟以全省战略性新兴产业、重点产业、支柱产业和特色产业的技术创新及科技成果转移转化需求为导向，优先在二氧化碳减排和转化利用、煤制化学品、大规模储能、先进制造、电子信息、有机农业、健康养生等重点产业开展联盟建设。

截至 2016 年年底，安徽省拥有 63 个省级产业技术创新战略联盟；湖北省拥有 7 个国家级产业技术创新战略联盟，35 个省级产业技术创新战略联盟与 25 个市级产业技术创新战略联盟，其中仅高新领域便有 13 个省级产业技术创新战略联盟；江西省拥有 3 个国家级产业技术创新战略联盟，36 个省级产业技术创新战略联盟；河南省拥有 4 个国家级产业技术创新战略联盟，92 个省级产业技术创新战略联盟。

可以看到，山西省产业技术创新战略联盟数量少，联盟涉及的产业领域主要为：耐火材料、农业装备、红枣、高粱、石墨烯、煤气化技术及装备、废旧路面再生循环利用、陶瓷、兽药、谷子及胡麻等，缺少高技术领域的产业技术创新联盟。因此，仍旧需要加大高技术领域的产业技术创新联盟建设力度，有效推动产学研合作模式由短期零散式合作向战略长期合作转变，相关成员单位可以围绕行业关键共性技术开展紧密合作和协同攻关，从而提升相关产业的核心竞争力。

## 2.3　区域创新产出水平较低

区域创新产出是在区域创新的过程中获得的成绩，主要表现为创新成果、技术储备和创新效率等方面。

### 2.3.1　创新成果的市场化水平低

创新成果的市场化水平可以用技术市场成交额、工业企业的专利及新产品销售收入、研发机构和高校的专利转让情况等来衡量。

#### 2.3.1.1 技术市场成交额远低于中部平均值

2011—2015 年，山西省的技术市场成交额呈现波浪式上升趋势（图 2-3），年均增长率为 17.89%。

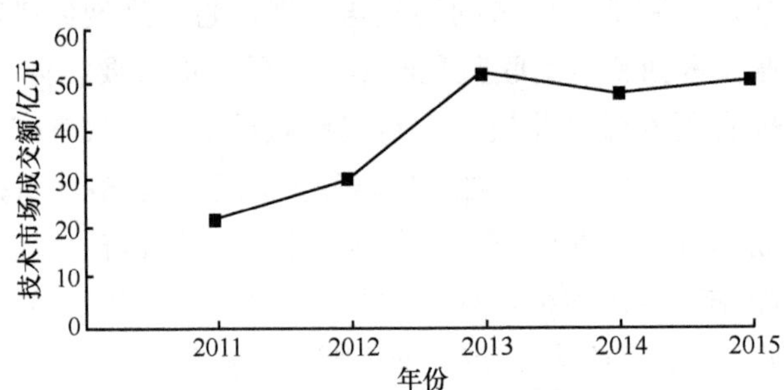


**图 2-3　2011—2015 年山西省技术市场成交额**

从图 2-3 可以看出，2013 年山西省技术市场成交额达到了最高值，为 52.77 亿元；2014 年略有下降，2015 年又开始回升。整体来看，相较 2011 年，近 5 年来山西省技术市场成交额有了大幅的增加。

从中部六省来看，2015 年山西省技术市场成交额居第 5 位，略高于河南省（2015 年中部六省技术市场成交额如图 2-4 所示）。

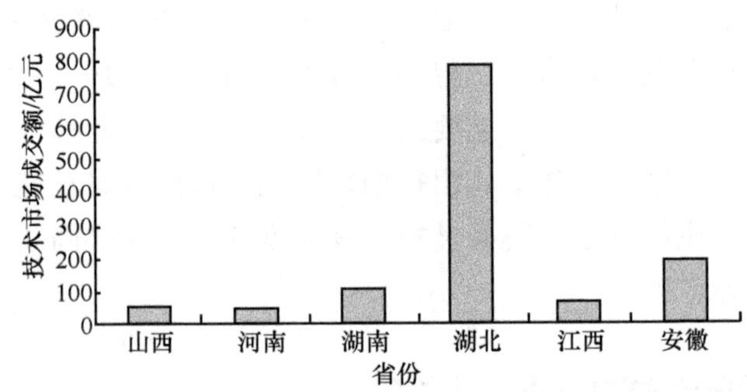


**图 2-4　2015 年中部六省技术市场成交额**

从图 2-4 可以看出，湖北省是中部地区技术市场成交额最高的省份，金额为 789.34 亿元；山西省与河南省、江西省基本持平，但低于平均值 207.66 亿元。这一数值反映出山西省创新成果的市场化程度、与市场需求的结合程度均较低。

#### 2.3.1.2 规模以上工业企业创新成果较少

截至 2015 年年底，山西省规模以上工业企业拥有的有效发明专利数为

4468 件，居中部地区第 6 位（2015 年中部六省的规模以上工业企业拥有的有效发明专利数如图 2-5 所示），工业企业的技术创新水平有待提升。

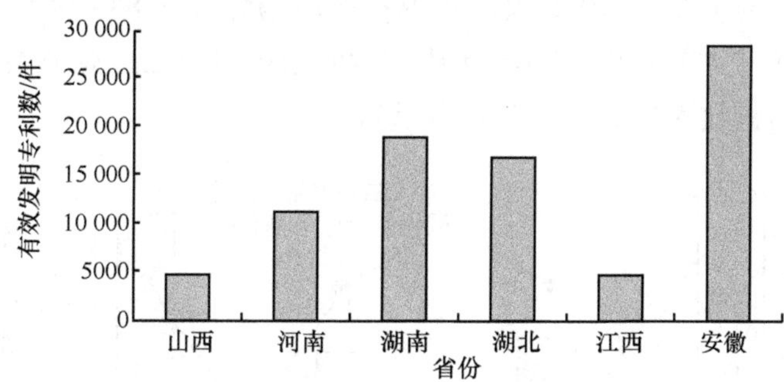


**图 2-5　2015 年中部六省的规模以上工业企业拥有的有效发明专利数**

从图 2-5 可以看出，安徽省是中部六省规模以上工业企业拥有有效发明专利数最高的省份，其数量为 28 568 件，山西省仅占其数量的 15.63%。这反映出山西省工业企业的技术创新主体地位仍需要提升，技术创新意识与创新能力需要进一步加强。

工业企业自主创办研发机构的情况反映了工业企业对技术创新的重视程度及自主创新能力的高低。2015 年山西省规模以上工业企业创办的研发机构有 243 个，居中部地区第 6 位（表 2-4），远低于中部地区的平均水平。

**表2-4　2015年中部六省规模以上工业企业创办研发机构情况**

| 省份 | 山西 | 河南 | 湖南 | 湖北 | 江西 | 安徽 | 均值 |
|---|---|---|---|---|---|---|---|
| 研发机构数/家 | 243 | 1997 | 1765 | 1333 | 838 | 3986 | 1693.667 |

从表 2-4 可以看出，山西省规模以上工业企业创办的研发机构数量仅为安徽省的 6.1%，为中部六省平均水平的 14.35%。可见山西省规模以上工业企业创办的研发机构数量太少，极大地限制了工业企业技术创新水平与创新能力。

新产品开发是指从研究选择适应市场需要的产品开始到产品设计、工艺制造设计，直到投入正常生产的一系列决策过程，既包括新产品的研制也包括原有的老产品改进与换代，是企业研究与开发的重点内容，也是企业生存和发展的战略核心之一。因此，通过分析企业开展的新产品开发项目情况，可以衡量企业适应市场、实现可持续发展的能力。

新产品销售收入是企业销售产品所获得的收入，该值的高低反映了企业研发的新产品能够满足市场需求的能力。2015 年，山西省规模以上工业企业的新产品开发项目数为 1910 项，实现新产品销售收入 833.34 亿元，与中部其他省份有非常大的差距（2015 年中部六省规模以上工业企业新产品开发项目、新产品销售收入情况如图 2-6 所示）。

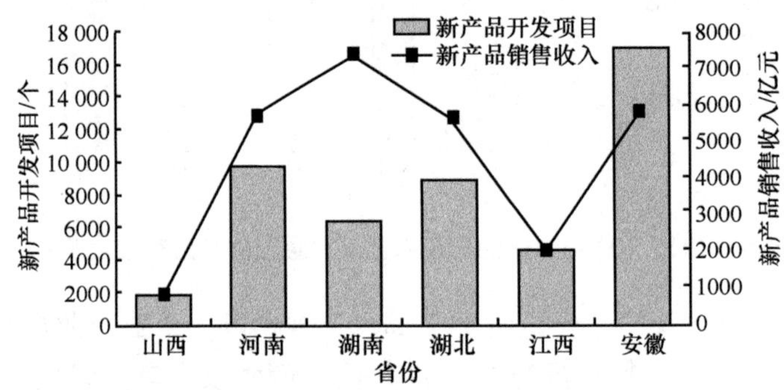


**图 2-6　2015 年中部六省规模以上工业企业新产品开发项目、新产品销售收入情况**

从图 2-6 可以得到，湖南省规模以上工业企业的技术创新效率最高，该省的新产品开发项目在中部六省中居第 4 位，但其新产品销售收入却居第一位，说明其用较少的新产品获得了较多的收入，即其开发的新产品市场认可程度较高，有较好的市场前景。而山西省不论是规模以上工业企业开展的新产品项目数还是新产品销售收入均居中部地区第 6 位，从新产品项目数来看，其仅占安徽省的 11.22%，新产品销售收入仅占湖南省的 11.34%。说明山西省规模以上工业企业的市场开拓能力、可持续发展能力均需要提高。

#### 2.3.1.3　研发机构和高校研发能力相对较弱

第一，2015 年山西省研发机构承担的课题数为 1256 项，居中部第 4 位，但低于中部平均值（表 2-5）。

**表2-5　2015年中部六省研发机构承担的课题数**

| 省份 | 山西 | 河南 | 湖南 | 湖北 | 江西 | 安徽 | 均值 |
|---|---|---|---|---|---|---|---|
| 研发课题数/项 | 1256 | 900 | 1422 | 3161 | 1016 | 1563 | 1553 |

从表 2-5 可以得到，山西省研发机构承担的课题数仅占中部六省总量的 13.48%，是中部排名第一位——湖北省的 39.73%。从全国来看，山西省排名第 23 位，其所承担的课题数是全国第一位——北京市的 4.4%。

第二，2015 年中部六省中，山西省研发机构的单位专利所有权转让及许可收入较高，说明山西省研发机构的专利价值比较高（具体数据如图 2-7 所示）。

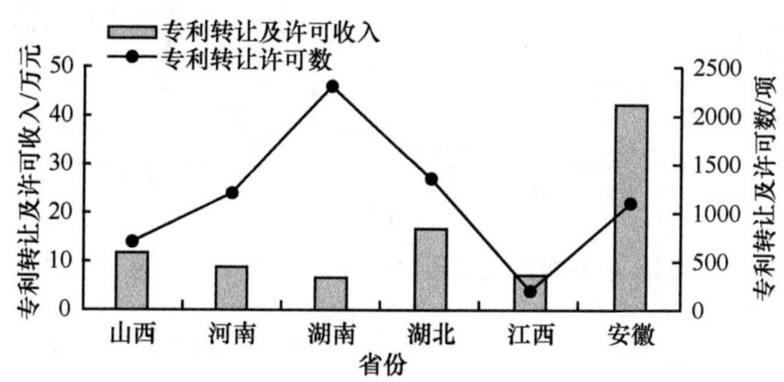


**图 2-7　2015 年中部六省研发机构专利转让及许可项目数与收入**

从研发机构的专利转让及许可项目数来看，山西省居中部地区第 5 位；山西省研发机构的专利转让及许可收入居中部地区第 3 位，平均单位专利转让及许可收入达到 41.71 万元，高于湖北省、湖南省与河南省。中部地区，专利转让及许可项目数最高的省份为湖南省，但其平均单位专利转让及许可收入却是 6 个省中最低的，为 7.17 万元；专利转让及许可项目数最低的省份为江西省，但其平均单位专利转让及许可收入较高，达到了 90 万元；安徽省是专利转让及许可收入最高的省份，其平均单位专利转让及许可收入也达到了最高，为 96.18 万元。

第三，2015 年山西省高等学校承担的研发课题数 9783 项，居中部地区最后一位，远低于中部地区的平均值（表 2-6）。

**表2-6　2015年中部六省高等学校承担的课题数**

| 省份 | 山西 | 河南 | 湖南 | 湖北 | 江西 | 安徽 | 均值 |
|---|---|---|---|---|---|---|---|
| 研发课题数/项 | 9783 | 25 932 | 34 304 | 42 709 | 18 902 | 28 685 | 26 719 |

山西省高等学校承担的研发课题数仅是中部平均值的 36.61%，是全国第一位的北京市的 10.61%，其在全国排名第 24 位，属于中下游水平。一方面是山西省缺少高水平的高等学校，另一方面，山西省高校大多数以教学为主，研究型高校数量少，故其所能承担的研发课题也非常有限。

第四，2015 年中部六省中，山西省高等学校的专利所有权转让及许可数量居中部第 5 位，专利转让及许可收入居中部最后一位，单位专利转让及许可收入仅为 8.72 万元，高等学校的研发能力亟待提高（图 2-8）。

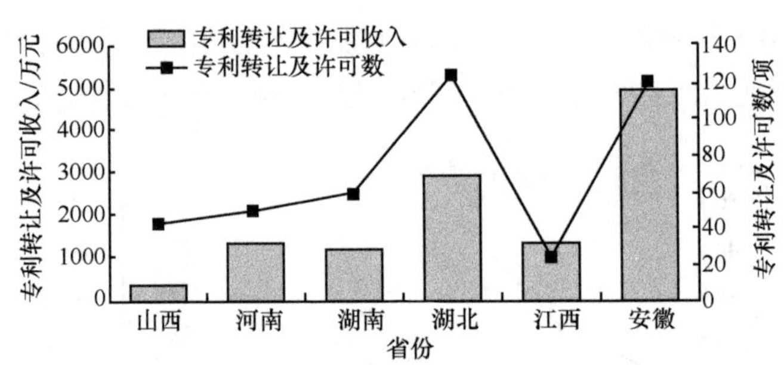


图 2-8　2015 年中部六省高等学校专利转让及许可项目数与收入

2015 年，山西省高等学校的专利所有权转让及许可数、收入分别占中部地区总量的 10.219% 与 12.5268%，未达到中部地区的平均水平。专利转让及许可数量少、收入低，跟山西省缺乏高水平的高校、优秀的高校人才、高层次的创新团队有密切的关系。

## 2.3.2　缺少足够的技术储备

技术储备体现在研发机构和高校的科研成果，主要包括拥有的有效发明专利、发表的科技论文、出版的科技著作及制定的国家或行业标准等。

### 2.3.2.1　研发机构和高校的专利、科技论文与科技著作数量少

首先，2015 年山西省研发机构有效发明专利数为 983 件，居中部第 4 位，仅占中部总量的 11.66%，低于中部的平均水平（平均值为 1405 件）。中部其他五省的数量分别为：安徽省 1626 件，江西省 318 件，河南省 1884 件，湖北省 3206 件，湖南省 414 件。从全国来看，山西省研发机构有效发明专利数排名第 17 位，是全国排名第一北京市的 3.39%。

2015 年山西省高校有效发明专利数为 1954 件，居中部第 6 位，仅占中部地区总量的 7.58%。中部其他五省的数量分别为：安徽省 3578 件，江西省 2357 件，河南省 3830 件，湖北省 8744 件，湖南省 5302 件。从全国来看，山西省高校有效发明专利数排名第 23 位，是排名第一北京市的 5.14%。

其次，2015 年山西省研发机构发表科技论文数为 2493 篇，居中部第 4 位，低于中部六省研发机构发表科技论文的平均值（3321 篇），仅占中部地区总量的 12.51%。中部其他五省研发机构发表科技论文数分别为：江西省 1829 篇，安徽省 3077 篇，河南省 3454 篇，湖北省 6741 篇，湖南省 2332 篇。从全国来看，山西省研发机构发表科技论文数排名第 20 位，是全国排名第一北京市的 4.369%。

2015 年山西省高校发表科技论文数为 15 600 篇，居中部第 6 位，仅占中部地区总量的 6.3%。中部其他五省分别为：安徽省 39 406 篇，江西省 20 724 篇，河南省 51 017 篇，湖北省 72 464 篇，湖南省 48 417 篇。山西省高校发表科技论文数在全国排第 25 位，处于落后位置。

最后，2015 年山西省研发机构出版科技著作 53 种，居中部第 5 位，低于中部六省研发机构出版科技著作的平均值（94 种），仅占中部地区总种类的 9.27%。中部其他五省研发机构出版的著作种类分别为：安徽省 31 种，江西省 76 种，河南省 174 种，湖北省 154 种，湖南省 84 种。从全国来看，山西省研发机构出版科技著作种类数排名第 24 位，是全国排名第一北京市的 2.22%。

2015 年山西省高校出版科技著作 505 种，居中部第 6 位，仅占中部地区总种类的 5.62%。中部其他五省分别为：安徽省 1177 种，江西省 737 种，河南省 2356 种，湖北省 2529 种，湖南省 1683 种。山西省高校出版科技著作种类数在全国排名第 26 位，属于落后省份。

#### 2.3.2.2　研发机构和高校制定的国家或行业标准数量少

2015 年山西省研发机构形成国家或行业标准的数目为 43 项，其他中部五省分别为：安徽省 95 项，河南省 45 项，湖北省 103 项，湖南省 46 项，江西省 21 项；山西省居中部第 5 位，且低于中部六省的平均水平。从全国来看，山西省排名全国第 16 位，排名全国前三的是北京、上海、广东，其中北京研发机构形成国家或行业标准 1857 项，山西省仅占其 2.32%。

2015 年山西省高校形成国家或行业标准的数目为 7 项，其他中部五省分别为：河南省 6 项，湖北省 1 项，湖南省 21 项，安徽省、江西省没有形成国家或行业标准；山西省居中部第 2 位，略高于中部平均水平。山西省排名全国第 12 位，排名全国前三的是北京、江苏、天津，其中北京高校形成国家或行业标准 193 项，山西省仅占其 3.63%。

从研发机构和高校形成的标准来看，山西省不仅与全国排在前列的省份有很大的差距，而且与中部先进省份也有一定的差距，山西省研发机构和高校仍需要在制定国家或行业标准方面多做努力[56]。

### 2.3.3　创新效率仍需要提高

在创新型省份评价指标体系中，衡量创新效率的指标为：每万人发明专利拥有量。

截至 2016 年年底，山西省有效发明专利达 9896 件，超过全年目标任务

949 件，每万人发明专利拥有量为 2.7 件，专利质量进一步提升。2016 年，山西省专利授权量 10 062 件，其中发明专利为 2411 件，实用新型专利为 6532 件，外观设计专利为 1119 件，企业专利授权 5292 件。2016 年山西省企业有效发明专利量为 5241 件，占有效发明专利总量的 53.0%，企业作为发明创新主体的地位进一步显现。

截至 2016 年年底，我国国内（不含港澳台）发明专利拥有量共计 110.3 万件，每万人发明专利拥有量达到 8.0 件。每万人发明专利拥有量排名前 10 位的省（区、市）依次为：北京（76.8 件）、上海（35.2 件）、江苏（18.4 件）、浙江（16.5 件）、广东（15.5 件）、天津（14.7 件）、陕西（7.3 件）、辽宁（6.4 件）、安徽（6.4 件）、山东（6.3 件）。山西省每万人有效发明专利拥有量仅是全国平均量的 33.75%，创新效率低下，不仅需要增加创新成果总量，更需要激发每个公民的创新热情。

## 2.4 区域创新创业生态亟须改善

区域创新创业生态主要涉及区域创新服务、创新政策落实情况与创新环境质量等方面。

### 2.4.1 创新服务水平低

可以通过区域拥有的科技企业孵化器、加速器与众创空间数量，能够服务企业的数量及区域互联网普及率来衡量区域创新服务水平。

#### 2.4.1.1 科技企业孵化器、加速器、众创空间等有了快速的发展

近两年，山西省科技企业孵化器与众创空间有了一定程度的发展。2014 年，山西省拥有 7 家国家级科技企业孵化器，仅占全国总量的 1.39%。2016 年 4 月，山西省国家级科技企业孵化器数量达到 10 家，省级科技企业孵化器有 5 家；2016 年 10 月，山西省又认定 8 家省级科技企业孵化器；2017 年 7 月，山西省又新增 21 家省级科技企业孵化器，山西省科技企业孵化器将迎来较大发展，国家级达到 10 家，省级达到 34 家，为推动山西省创新驱动、转型升级，培育新技术、新产业、新业态做出更大贡献。

众创空间的快速发展也为山西省创新创业工作起到了积极的推动作用，截至 2016 年 10 月，山西省有国家级众创空间 10 家，省级众创空间 101 家。这些众创空间可享受“省扶持众创空间发展专项资金”的支持。

与中部其他省份相比，山西省科技企业孵化器与众创空间的数量还是较少。截至 2016 年年底，安徽省拥有科技企业孵化器 109 家，其中国家级孵化器 17 家，省级孵化器 41 家，备案孵化器 51 家。17 家国家级孵化器建有创业苗圃和加速器，基本形成了孵育科技型中小微企业的创新服务链。湖南省有众创空间 53 个，科技企业孵化器 46 个，70 个生产力促进中心，其中，国家级科技企业孵化器 16 家、国家级大学科技园 2 家。河南省国家级科技企业孵化器总数达到 30 家，省级以上科技企业孵化器、大学科技园、众创空间等各类创新创业孵化载体达到 221 家。科技部公布首批国家级“星创天地”名单，河南省有 30 家单位入选。江西省拥有国家级科技企业孵化器 16 家，省级科技企业孵化器 19 家；国家大学科技园 3 家，省级大学科技园 3 家；国家级众创空间 11 家，省级众创空间 77 家；国家级高新技术产业化基地 29 家，省级高新技术产业化基地 13 家；国家级生产力促进中心 6 家，省级生产力促进中心 144 家。湖北省的科技企业孵化器便超过了 300 家，其中，国家级科技企业孵化器及众创空间数量达到 83 家。

#### 2.4.1.2　孵化器成为区域创新创业的重要载体，在孵企业数量不断增加

山西省科技企业孵化器数量不断增长，孵化面积不断扩大，孵化服务也在不断演化。截至 2015 年年底，山西省在孵企业 1156 家，当年毕业企业 168 家，累计毕业企业 582 家；在孵企业总收入 36.12 亿元，研究开发费用投入 1.4 亿元，拥有自主知识产权 1255 件，用户面积达到 48.9 万平方米。

但与中部其他省份相比，仍有一定的差距。截至 2015 年年底，安徽省科技企业孵化器总面积达到 299 万平方米，在孵企业 3365 家，当年毕业企业 328 家；湖北省 2015 年新增孵化企业 3000 多家，在孵企业总数达到了 16 000 余家。湖南省孵化器孵化场地面积超过 210 万平方米，在孵企业数量 2700 余家，从业人员 6.8 万余人。

#### 2.4.1.3　互联网普及率居全国前列

互联网越来越成为人们学习、工作、生活的新空间，越来越成为获取公共服务的新平台。在国家战略的引导下，山西省积极推进“互联网+”行动计划，持续推进“宽带山西”建设，保障网络与信息安全，促进了全省网络经济的持续健康发展。截至 2015 年年底，山西省互联网普及率达到 54.2%，位居全国第 11 位。网民规模达 1975 万人，其中手机网民 1829.3 万人，占全省网民的 92.6%；农村网民规模为 668.1 万人，占全省网民的 33.8%。这两项占比均高于全国平均水平。山西省互联网普及率居中部第一，中部其他五省

的互联网普及率分别为：安徽省39.4%，河南省39.2%，江西省38.7%，湖北省46.8%，湖南省39.9%。

## 2.4.2 创新政策落实效果显著

### 2.4.2.1 企业研发费用加计扣除作用突出

研发费用加计扣除政策对降低企业创新成本，发挥企业创新主体的作用有积极的意义。截至2014年，山西省企业牵头承担的省级科技重大专项占到80%以上。全面落实各类支持企业的普惠性政策，2014年企业研发费用加计扣除减免税额6.17亿元。创新型企业不断增加，以企业为主体的技术创新体系不断完善。

### 2.4.2.2 加大了科技成果转化等普惠性创新政策落实力度

截至2015年年底，山西省已成立4个联合基金，与国家自然科学基金委员会共同出资设立煤基低碳联合基金；与晋煤集团共同设立“山西省煤层气联合研究基金”；与潞安集团共同设立“山西省煤基合成精细化学品专项研究基金”；与振东制药设立了“山西省中药现代化关键技术研究振东专项基金”。组织筹资2亿元，设立科技成果转化贷款风险补偿资金。

2016年，设立了山西省科技成果转化引导基金，充分发挥市场对技术研发方向、路线选择、要素价格、各类创新要素配置的导向和激励作用，促进科技成果转移转化和资本化、产业化，促进大众创业、万众创新。科技成果转化引导专项（基金）主要由企业根据自身和行业领域发展需求，先行投入和组织研发，财政采用风险补偿、后补助、创投引导等方式给予支持，形成以效益为导向、市场评价成果的机制。加大对中小企业创新、技术成果交易转化的支持力度。出台了《山西省科技计划（专项、基金等）管理办法》《山西省产业创新链及重大重点项目产生办法》《山西省科技项目招标投标管理暂行办法》《山西省科技计划（专项、基金等）项目申报指南编制办法》《山西省科技计划（专项、基金等）项目申报和评审管理办法》《山西省应用基础研究计划项目管理办法》《山西省科技成果转化引导专项（基金）管理暂行办法》《山西省平台基地专项管理办法》等8个配套专项管理办法。

## 2.4.3 创新环境质量大幅提升

首先，大力推进了省级科技计划管理体制改革。初步构建了“13558”新体制，也就是一个厅际联席会议制度；包括战略咨询与综合评审委员会、专业机构、统一的评估和监管三大机制；五大科技管理信息系统；五类科技计划；八个配套制度，这项工作山西省走在了全国的最前列。推动科技创新由碎片向聚焦、由科研管理向创新服务转变，建立起了新的科技计划管理体系。

其次，创新驱动政策体系趋于完善。截至 2016 年年底，山西省先后出台了《中共山西省委山西省人民政府关于实施科技创新的若干意见》《山西省深化省级财政科技计划（专项、基金等）管理改革方案》《山西省级财政科研项目和资金管理办法（试行）》《山西省科技计划管理“1+7”制度体系》《山西省科技成果转化引导专项（基金）管理暂行办法》，设立了“平台基地和人才专项”。制定了“山西省重点科技创新平台和团队建设组织管理办法”、《山西省降低实体经济企业成本实施方案》等 30 余项政策制度文件。从科技创新的顶层设计到科技体制改革、产业技术创新、创新平台搭建、人才团队培育引进、知识产权保护、科技成果转移转化和创新生态环境建设等方面，初步形成了具有山西省特色的科技创新政策体系框架，为推动创新发展提供了有效的政策保障。

最后，加强科技成果转化体系建设。积极构建线上与线下相结合的科技成果转化平台。“线上”科技成果转化和知识产权交易平台、科技资源开放共享等五大板块建设；“线下”科技资源、科技金融、创业孵化等三大科技创新综合服务平台，为山西省科技成果转化提供全程服务。

## 2.5　区域创新特色优势不明显

山西省科技支撑传统产业转型升级能力较弱，煤炭、焦化、冶金、电力等传统产业技术水平低、产品附加值低、质量效益低，高能耗、粗放式产业开发模式仍然存在，产业转型升级和创新缺乏充足有效的技术供给。科技引领新兴产业发展作用较弱，全省高新技术产业化程度低，产业规模偏小，产业层次仍处于产业链的中低端。创新能力弱，竞争力不强，融资难、创新难、成长难等共性难题亟须得到有效破解。

煤基传统产业技术创新能力有待提升，未来需要重点研发焦炉煤气综合利用、煤焦油深加工、一步法煤制乙醇、煤制高端化学品等技术和产品，推动煤基产业向多联产、全循环、高新技术化发展[57]。

非煤产业技术创新特色并未显现。山西省未来需要在高端装备制造、新材料、节能环保、生物医药、新能源汽车、电子信息、新能源等领域，攻克一批关键技术，形成具有区域特色的新兴产业体系与创新特色[58]。

# 第3章

# 山西省创新型省份建设的策略与建议

全球新一轮科技革命和产业变革加速演进，创新已成为引领发展的第一动力。党的十八大做出实施创新驱动发展战略的重大决策，把科技创新作为提高社会生产力和综合国力的战略支撑，摆在国家发展全局的核心位置。《国家创新驱动发展战略纲要》与2016年全国科技创新大会，提出了实施创新驱动发展战略的顶层设计、系统布局与新发展理念。山西省经济处于改革开放以来最困难的时期，需要全面建设创新型省份，提升自主创新能力和内生发展动力，引领经济发展新常态，推动山西经济实现转型升级。

## 3.1 推动产业技术创新和区域创新，壮大各类创新主体

围绕经济振兴崛起的核心关键、社会发展的紧迫需求，采取重点突破和非对称发展策略，强化重点领域和关键环节的任务部署。

### 3.1.1 推进重点产业技术创新，实现产业转型升级

#### 3.1.1.1 做优做强煤基低碳产业

以煤炭集约绿色开采为目标，突破复杂地质条件下煤与伴生资源安全高效、资源节约、环境友好开采技术，全面提升煤炭开采效率，提升矿井科技水平。发展高精度煤炭洗选和绿色加工技术，实现煤炭深度提质和分质分级利用。突破煤炭清洁高效利用技术瓶颈，全面提高资源利用效率，促进资源开发与环境保护协调发展。推进煤电一体化、煤化一体化、煤焦化一体化发展，构建从煤电油气到基础化工产品，再到煤基高端化工和煤基新材料产品的完整产业创新链，以企业为主体联合高校及科研院所采取重大专项的方式，组织实施一批煤炭转化技术项目，突破煤炭转化产业关键共性技术瓶颈，建设具有国内外先进水平的晋北现代煤化工基地，支持晋东、晋中煤化工基地

创新发展、循环发展。

以复杂条件下的煤层气资源勘探开采技术为重点，开展煤层气勘探开发综合技术示范，提高复杂地质条件下煤层气勘探、监测评估技术水平，研发煤层气储运环境的安全检测、监测技术；开展高阶煤地区的稳产高产技术，积极探索适宜于松软中阶煤的高效钻采技术；开展煤层气综合利用技术。推动建设沁水和河东两大煤层气产业基地，河曲—保德、临县—兴县、永和—大宁—吉县、沁南、沁北、三交—柳林等六大煤层气勘探开发基地，以及晋城矿区、阳泉矿区、潞安矿区、西山矿区和离柳矿区五大瓦斯抽采利用园区。实施煤层气替代汽油燃料和替代工业燃煤工程，形成勘探、抽采、输送、压缩、液化、化工、发电、汽车用气、居民用气等一整套产业链。

发展可再生能源大规模开发利用技术，重点加强高效低成本太阳能电池、光热发电、太阳能供热制冷、大型先进风电机组等技术研发及应用。突破高效聚光太阳能电池及组件、太阳能光伏并网发电、风力发电机组整机及核心装备、生物质能资源化利用、地热能高效利用、大规模储能系统等方面的关键核心技术，稳步推进晋北千万千瓦级风电基地、大同采煤沉陷区国家先进技术光伏示范基地、太原西山新能源示范区及运城现代农业与光伏产业联动发展示范基地建设。

#### 3.1.1.2　培育壮大新兴接替产业

以智能化、数字化、精密化、成套化为主攻方向，主要开展轨道交通、煤机装备、煤层气装备、电力装备、煤化工装备、节能环保装备等装备制造业技术研发。实施重大技术装备和特色优势装备项目，突破基础制造与关键部件、3D打印与激光制造、网络协同制造、智能机器人制造、高端重型商用汽车关键部件制造等先进制造业技术。增强装备制造产业关键环节的省内配套能力，推进骨干企业带动本地配套企业实现单机制造向系统集成的转型升级，山西省建设成为全国装备制造产业重要基地。

以太原市建设新能源汽车示范城市为契机，突破制约“电一车、醇（甲醇）一车、气（天然气）一车”产业链发展的关键核心技术，壮大电动汽车、甲醇汽车、燃气汽车等新能源汽车产业；以化学品绿色合成材料、前沿新材料、特种无机非金属材料等领域为重点，发展新材料产业；在新一代信息技术领域，重点发展LED、物联网、云计算、北斗卫星导航、软件、无极荧光照明等产业关键核心技术，形成以太原为中心，覆盖山西省中部地区太原、晋中、阳泉、吕梁的新一代信息技术产业带；开展前沿生物技术、医药生物技术、工业生物技术、农业生物技术、生物信息与仪器设备等技术研发，以生物技术创新带动相关生物产业发展；重点支持中药材种植、中药饮片与提取物、中药新药开发等方面的研究，提升中医药产业发展水平。

#### 3.1.1.3 大力发展现代农业

以加快推进农业现代化、保障粮食安全和农民增收为目标，按照高产、优质、生态、绿色、高效、安全的要求，立足省情农情，坚持数量质量效益并重原则，着力开展动植物优异特色新种质、新材料创制和新品种选育，良种、良田、良法配套，农机农艺融合；发展农业生物制造、农业智能生产、智能农机装备、设施农业等关键技术和产品；突破一批节水农业、循环农业、农业污染控制与修复、盐碱地改造、农林防灾减灾等关键技术；开展区域特色小杂粮、畜牧、果蔬、中药材等绿色无公害生产、储运物流及精深加工，林业生态建设等关键技术研发，大面积推广粮食丰产、中低产田改造等技术，推广农业面源污染和重金属污染防治的低成本技术和模式，发展全产业链食品安全保障技术、质量安全控制技术和安全溯源技术，推动农业向一二三产业融合，实现向全链条增值和品牌化发展转型，走出一条山西特色农业现代化发展道路。

#### 3.1.1.4 加快发展现代服务业

以云计算、大数据、物联网、人工智能等新一代信息和网络技术为支撑，拓展数字消费、电子商务、现代物流、互联网金融等新兴服务业，促进技术创新和商业模式创新融合。重点建设集铁路、公路、航空为一体的智慧物流云平台，快速发展现代物流业；以产业技术创新联盟为依托，发展研发服务、知识产权、工业设计、工程技术、质量检测等高技术服务业；掌握大数据、云计算、软件工程和物联网等领域的关键技术，发展特色信息科技服务产业；支持现代服务业平台软件、应用软件、终端设备等关键产品研发，发展科技咨询、科技金融、科学普及等专业科技服务业；推进文化创意和旅游设计服务等新型、高端服务业发展。

### 3.1.2 壮大各类创新主体，引领振兴崛起

#### 3.1.2.1 培育龙头创新型企业

发挥市场对创新资源配置的导向作用，促进创新资源向企业集聚，培育具有较强影响力、拥有自主知识产权的创新型企业。支持龙头骨干企业建立

重点实验室和工程技术研究中心，加快培育一批具有国际竞争力、引领产业发展的创新型企业[59]。

实施高新技术企业倍增计划，高新技术企业数量达到 1000 家以上。开展龙头企业创新转型试点，在重点产业领域遴选具有自主知识产权、自主品牌和创新引领能力的龙头骨干企业予以重点支持，培育一批销售收入超百亿元的骨干龙头企业。推进产业集聚发展，培育一批销售收入突破亿元的重点产品，打造 10 个以上具有重要影响力和辐射作用的特色产业基地。

到 2020 年全省规模以上工业企业都有研发活动，建立研发机构占比超过 15%。育成一批核心技术能力突出、集成创新能力强的创新型企业，力争有一批企业进入国内 500 强企业。

#### 3.1.2.2　发展“专精特新”型中小微企业

实施铺天盖地和顶天立地战略，启动科技型中小微企业认定工作；开展科技型中小微企业培育行动，建设中小微企业创新创业基地，鼓励有实力的战略投资者投资中小微企业创新创业基地，以集群化发展为主导，引导中小微企业走专精特新发展之路。

依托科技园区建设中小企业共性技术平台，引导中小微企业参与科技创新活动；完善科技型中小企业融资机制，培育一批“高精尖”的中小企业；引导新材料、信息技术、医药等领域科技型中小企业应用先进技术与装备，研发特色产品，进入产业高端；加大科技企业孵化投入力度，创新孵化模式，建设一批有一定影响力的科技企业孵化器，支持研发人员或团队及其研发成果整体孵化转化为科技企业。到 2020 年，山西省科技型中小微企业达到 10 000 家。

#### 3.1.2.3　鼓励企业加大技术创新投入

全面落实国家支持企业技术创新的研发费用加计扣除、高新技术企业所得税优惠、固定资产加速折旧、股权激励和分红、技术服务和转让税收优惠、企业研发投入视同利润等激励政策。强化科技奖励对企业技术创新的引导激励。

探索运用财政补助机制，引导企业有计划、持续性地增加研发投入。推进科研项目经费后补助工作，鼓励和引导企业按照国家战略和市场需求先行投入开展研发项目。

鼓励企业普遍建立研发准备金制度，省属重点国有企业研发投入占主营业务收入的比重达到 1.5% 以上；战略性新兴产业领域的重要骨干企业研发投入占主营业务收入比重力争达到3%以上。

#### 3.1.2.4 发挥高校与科研院所的科技创新功能

引导高校科学定位、特色发展，重点支持山西大学、太原理工大学按照国务院“双一流”建设精神率先发展，力争建成国内高水平大学1～2所、区域或行业高水平大学2～3所。遴选4所以上教学科研型、高职高专等院校作为应用型大学建设试点，开设面向商业化的创新与创业教育，建设产教融合、校企合作的实习实训基地，培养产业转型升级和创新驱动发展需要的应用型技术技能型人才。

启动实施“优势学科攀升计划”“服务产业创新学科群建设计划”，支持10个左右学科进入一流学科行列；建成20个左右直接服务产业创新的学科群，培育10个左右引领学校转型、具有较大商业化应用潜力的学科。

深化省属科研院所改革，提升产业共性技术研发能力、专业服务供给能力和行业标准创制能力，打造集研发、技术供给、成果转化于一体的新型研发机构。推动省属技术开发类科研机构向企业转制。支持转制院所中试基地、技术研发实验平台建设。

#### 3.1.2.5 推动产学研协同创新

扩大境外合作交流，探索建设国际联合研究中心、国际技术转移中心。支持中国科学院、中国工程院、中国科协及中直高等院校、科研机构和企业在晋建立研发或成果转移基地。

积极鼓励和引导企业、科研院所、科技管理部门主动与中央驻晋科研院所对接，采取联合研发、建立产学研战略联盟等多种形式开展产业共性技术、关键技术研发。

以企业为主体，在煤炭、煤化工、煤层气等煤基和装备制造、新能源、新材料等高新技术领域建设一批产学研协同创新战略联盟和产业技术创新战略联盟。吸引国内外高校、科研院所与山西省企业建立“校企联盟”。2020年，全省产业技术创新战略联盟达到25家，其中国家级6家。

引导科研院所和高校面向区域发展需求和发展重点，以国际化视野，建立知识创新平台。搭建产学研协同创新信息平台，引导高校院所介入企业早期研发，加强对企业技术创新的理论、基础和前沿先导技术的支持。依托现有的重点实验室和重点研究基地，整合政府、企业、高校、院所、科技服务机构创新资源，到2020年支持建设20个左右省级协同创新中心，力争有1～2个进入国家级行列。

### 3.1.3　完善区域创新布局，打造经济增长极

聚焦创新驱动发展战略，以创新要素的集聚与流动促进产业合理分工，推动区域创新能力和竞争力整体提升。

#### 3.1.3.1　纵深推进创新型城市建设

充分发挥省会城市科教资源密集优势，推动太原国家创新型城市建设，实现重大战略基础设施、重大战略主导产业和重大战略发展平台三大突破。启动省级创新型市县建设，部署建设 5 个省级创新型试点城市、35 个省级创新型试点县（市、区），提升创新型市县的辐射带动作用。建设好国家小微企业创业创新基地示范城市与新型智慧城市。

#### 3.1.3.2　切实抓好园区提质升级

充分发挥省内国家级高新区的示范带动作用，太原国家高新技术产业开发区实现“二次创业”，长治高新技术产业开发区加快提档升级；突破空间限制，搭建增材制造、“互联网+”等创新创业平台。推进各级经济技术开发区建设科技创新园，探索新建一批省级高新区和高新技术产业化示范基地，拓展高新产业发展空间。发挥园区创新资源富集的优势，打造最优“创客栖息地”。

统筹推进大学科技园区特色产业基地、留学人员创业园、科技产业园和科技创业园建设，支持园区建立“企业联络员+企业辅导员+创业导师”创业服务体系，提升孵化器专业化服务能力。吸引国内优秀园区运营公司参与园区管理，参股孵化器、加速器和园区建设。

#### 3.1.3.3　大力推进中试基地建设

面向产业共性关键技术、重大装备设计试验和中小型企业技术创新需求，依托骨干企业、重点高等院校和科研院所，建设一批产业技术研究院，促进产业链和创新链的有机融合。到 2020 年，产业技术研究院达到 15 家。加快建设一批符合科技发展规律、适应市场发展需求的高新技术产业中试基地，简化审批办理手续，给予普惠性财税政策支持，将中试基地打造成完善科研成果、服务成果转化、促进产业发展、加强人才培养的重要载体。

#### 3.1.3.4　努力推动军民融合科技创新示范基地建设

构建促进经济建设与国防建设协调发展、需求对接、资源共享、深度融合的体制机制。组建山西省军民结合工业技术研究院和山西省军民结合信息中心，实现科技资源互通互动。建立军民融合联合重点实验室、行业技术中心和产业技术战略联盟，强化协同创新、成果共享。支持优势企业、高校、

科研院所参与国防科技专项；优先扶持军地联合科技合作项目。支持一批军工科技成果民用转化与应用，引导优势企业进军军品领域，重点建设燃气发电、高铁轮对、光伏发电设备制造及遥感遥测技术应用等军民整合科技创新示范基地。

## 3.2 开展多项重点创新工程，提升区域创新能力

开展科技创新城建设、高水平创新平台、技术转移与高层次创新团队建设等多方面的创新工程，进而提升区域的创新能力。

### 3.2.1 科技创新城建设工程

#### 3.2.1.1 部署煤、电和新材料产业创新链

引进国内外知名研发机构设立企业总部和研发中心，重点建设煤基低碳技术创新中心。鼓励企业与高等院校、科研院所合作兴建新型科技研发机构，开展基础性、战略性、前沿性科学研究和共性关键技术研究，打造低碳技术创新高地。力争到2020年，科技创新城核心区基本建成，煤基科技攻关取得重大突破，煤基产业清洁、安全、低碳、高效发展创新链基本形成。

#### 3.2.1.2 构建全程化科技服务链

建设科技大市场，促成科技成果和先进技术的转让和商业化。重点建设集科技文献、科学数据、研发设计、检验检测、知识产权、国家及行业标准信息、技术交易、专业咨询、系统化政策培训等于一体的科技资源服务平台。建设区域优势产业专家库、高校与科研院所的技术研发优势、企业技术研发需求等信息服务平台，为产学研合作牵线搭桥。建立创业苗圃、创业辅导、创业实训、专业孵化、企业加速器等企业孵化培育平台。建立直接融资与间接融资有机结合的多层次科技金融服务平台，打造面向转型的创新全面服务高地。

#### 3.2.1.3 建成科技成果产业化基地

建设科技创新城省级高新技术产业开发区，向国家级高新区迈进，联合太原高新区和经济技术开发区建设国家自主创新示范区。

引导高等院校和科研院（所）的科技成果在科技城实施转让；鼓励入驻的研发机构研发的科技成果在科技城进行中试；吸引国内外知名企业与科研院所将科技成果在科技城进行产业化。到2020年，科技创新城产出一批具有国际国内影响的重大技术成果，形成若干特色突出、竞争力强的新兴产业

集群。

## 3.2.2　高水平创新平台建设工程

### 3.2.2.1　大力建设国家级、省级重点实验室与工程技术中心

支持煤基低碳、装备制造行业领军企业牵头承担国家重点实验室、国家实验室、企业国家重点实验室、国家工程（技术）研究中心、国家企业技术中心、国家地方联合工程研究中心（工程实验室）、国家制造业创新中心等国家级重大创新载体建设。依托新材料、新能源汽车、新一代信息技术、生物技术、中医药等领域的骨干企业建设省级以上重点（工程）实验室、工程（技术）研究中心、企业技术中心。鼓励山西省企业与中央驻晋科研院所共建联合实验室、工程技术研究中心与企业技术中心。

### 3.2.2.2　搭建科技资源共享平台

支持大型科学设施与仪器共享平台建设，将所有符合条件的科研设施与仪器纳入全省科研公共服务网络进行管理。到 2020 年，基本建成覆盖各类科研设施与仪器、统一规范、功能完善的专业化、网络化管理服务平台。

利用现代信息技术，构建集中外文科技期刊、图书、会议录、学位论文、专利、标准和计量规程等类型文献数据库于一体的科技文献资源共享平台。

通过现代信息技术与手段，完善山西种质资源、标本资源、木材、土壤、农作物病虫害等自然科技资源库。

建立和完善区域重点发展领域技术工程师与科技人才资源库。

### 3.2.2.3　构建专业化众创空间

实施众创空间示范工程，大力扶持发展创业咖啡、创客空间、创新工场等灵活多样的新型创业孵化平台；构建一批低成本、便利化、全要素、开放式的众创空间，为创业者提供政策咨询、项目推介、创业指导、融资服务、补贴发放等“一站式”创业服务。

支持国内外著名众创空间在山西省设立分支机构。支持条件成熟的高校院所和企业创办“创业学院”。支持高职院校发展一批创客空间模式的智能硬件孵化器和加速器。

## 3.2.3　技术转移促进工程

### 3.2.3.1　着力发展功能齐备、交易活跃的现代技术市场

整合现有技术转移和创新服务资源，促进技术市场建设提质升级。建设

虚拟和实体市场相结合、各类市场主体相融合、国内和国际资源相配合，体制健全、结构合理、功能完善、运行有序、统一开放的现代技术要素市场。

建设山西技术转移示范平台。全省建设一批资源配置能力强、服务功能完善、手段先进的新型综合性技术交易市场和服务当地经济的专业技术交易所。充分发挥“中国专利技术（山西）展示交易中心”作用，开展专利技术展示交易、转让活动。针对山西省创新驱动发展的技术需求，面向全球优选科技成果，建设科技成果储备中心。力争每年有100项重大科技成果在山西省落地转化。

#### 3.2.3.2 提升科技中介机构综合服务能力

完善现有创业服务中心、技术转移中心、生产力促进中心等科技中介服务组织的功能。引导社会资本兴办各类科技中介服务机构。支持高校建立技术转移学院，培养技术经纪人队伍，并与法律、金融、会计、资产评估等服务机构协作，为科技创新和技术转移转化的全过程提供综合配套服务。

健全知识产权公共服务机构及平台，开展知识产权创造、运用、保护和管理的系统化服务。整合专利代理、专利联盟、专利交易中心、专利信息等各类服务资源；强化对代理人的培训，积极推动建立专利代理协会；做好专利信息服务工作，重点开展战略性新兴产业领域专利专题数据库建设和专利分析专题服务。大力培养各级各类知识产权专业人才，重点培养适合山西省知识产权服务业发展水平的知识产权“通才”。

#### 3.2.3.3 开展科技成果转移转化试点

支持高新技术产业开发区、经济技术开发区，整合成果、人才、资本、平台、服务等创新资源，申报建设国家科技成果转移转化试验示范区。围绕区域特色产业发展技术瓶颈，推动一批符合产业转型发展需求的重大科技成果在示范区转化与推广应用。

发挥国家技术转移示范机构的带动作用，建立省、市、县3级技术转移示范机构。依托大同中国国际技术转移分中心、晋陕豫黄河金三角承接产业转移示范区等基地建设，加大承接京津冀、长三角、珠三角等地区产业和技术转移力度。

### 3.2.4 高层次创新团队建设工程

#### 3.2.4.1 引进领军型科技创新团队

大力引进国际一流、国内顶尖水平，能够引领产业发展、带动区域性产业结构调整和产生重大经济效益的创新创业领军团队。采取“产业资本+人力资本”的模式，积极引进国内外企业集团和跨国公司的核心研发团队或成立研发分支机构。

围绕山西省传统产业转型升级和培育战略性新兴产业，通过项目招标、人才招标、项目合作、人才租赁及联建重点实验室、研发中心等方式引进领军型科技创新团队。

#### 3.2.4.2 培育高层次创新团队

深入实施“创新团队培育计划”，支持科研型高校与科研院所建设高水平基础研究与应用基础研究团队。

在重要领域依托大中型企业培养一批高层次企业技术创新团队。在煤基低碳领域重点培育中试技术创新团队、新产品研发团队；在工装备制造领域重点培育整机与知识化集成创新、关键零组件创新、基础加工工艺的技术创新团队；在战略性新兴产业领域，重点培育新材料、新一代信息技术、生物医药、中草医药的创新团队；在科技服务领域，培育市场意识高、应用开发能力强，熟悉商业化流程的创新服务团队。利用 2 ～ 5 年时间，引进和培育 10 ～ 50 个有望研发出重大产品、解决重大关键技术问题、带动重点产业发展的高层次创新团队。

#### 3.2.4.3 造就创新团队领袖

实施“三晋学者支持计划”，重点培养一批学术造诣深、发展潜力大、具有引领本学科保持或超越国内外先进水平的高层次创新人才。实施“高端创新型人才和新兴产业领军人才培育工程”，重点围绕煤基低碳和七大非煤产业，选拔培养一批转型创新发展急需紧缺的创新创业领军人才。实施“山西省青年拔尖人才支持计划”，完善对青年人才普惠性支持政策体系，培养造就一批具有较强创新创业能力和较大发展潜力的青年拔尖人才。实施“科技型企业家培育工程”，明确培养方式、资金投入、政策保障等问题，培养一批具有胸怀山西、视野广阔、创新意识和管理水平先进的科技型企业家群体。

## 3.3 实施各类创新政策，营造良好创新生态

围绕营造良好创新生态，全心全意为人才创新创业提供周到服务，落实促进科技创新的财税及金融激励政策，强化创新的法治保障，加强创新链各环节政策的协调和衔接，形成有利于创新发展的政策导向和战略保障。

### 3.3.1 实施全心全意为人才创新创业提供周到服务的政策

#### 3.3.1.1 鼓励人才跨界流动创新创业

破除人才流动障碍，为人才跨地区、跨行业、跨体制等跨界流动提供便利条件，促进人才双向流动。

鼓励高等学校、科研院所等事业单位科研人员在完成本职工作岗位职责前提下在岗创业。允许高校、科研院所各级人员到企业兼职，并可按规定领取相应报酬或奖励。允许高校、科研院所等事业单位科研人员离岗在山西省范围内创办企业或到企业开展科技成果转化，5 年内保留人事关系，单位代缴社会保险和住房公积金，档案工资和专业技术职务正常晋升。期满重返原单位的，工龄连续计算。科研人员离岗期间，必须按照所在单位规定尽责履行离岗管理义务。鼓励高校在校学生到校院地共建的创新创业载体创新创业，创新创业实践业绩可按照相关规定计入学分。允许高校在校学生休学创业。

允许高等学校、科研院所设立一定比例的流动岗位，吸引具有创新实践经验的企业家、科技人才兼职，促进科研人员在事业单位和企业间合理流动。

鼓励党政机关优秀人才按照组织批准、个人自愿、双向选择原则，离岗到企业兼职，支持企业发展，不在兼职企业领取任何报酬和投资入股，离岗期限 3 年，机关原待遇不变。允许党政机关优秀人才按规定辞职领办企业或自主创业。

完善跨界流动人才在企业、行政、事业等不同性质单位之间流动时社保关系转移接续政策。

#### 3.3.1.2 实施更加开放的科技人才服务政策

落实外国人永久居留管理政策。对持有外国人永久居留证的外籍高层次人才开展创办科技型企业等创新活动，给予其与中国籍公民同等待遇，放宽科研事业单位对外籍人员的岗位限制，放宽外国高层次科技人才取得外国人永久居留证的条件。推进内地与港澳台创新型科技人才的双向流动。加强对海外引进人才的扶持与保护，避免知识产权纠纷。健全创新人才维权援助机制，建立创新型科技人才引进使用中的知识产权鉴定机制。完善留学生培养支持机制，提高政府奖学金资助标准，扩大来华留学规模，优化留学生结构。

鼓励和支持来华留学生和在海外留学生以多种形式参与创新创业活动。进一步完善教学科研人员因公临时出国分类管理政策，高等学校和科研院所中直接从事教学科研任务的人员和担任领导职务的专家学者，不计入本单位和个人年度因公临时出国（境）批次限量管理范围，出访团组、人次数和经费单独统计。鼓励高校、科研院所、企业通过挂职兼职、技术咨询、周末工程师等方式，柔性汇聚国内外人才资源。

#### 3.3.1.3　深化人才分类评价和职称制度改革

研究制定人才分类评价办法，基础研究突出同行学术评价，应用研究突出市场评价，哲学社会科学研究突出社会评价。制定深化职称制度改革的实施意见，合理界定和下放职称评审权限。紧缺急需和贡献突出的优秀人才，可实行高级职称直评直聘制度。畅通民营企业职称评审渠道，具备条件的民营企业可试行职称自主评聘。研究制定体现职业教育特点的高职院校自主评审职称办法。

#### 3.3.1.4　加大科技人员科技成果转化激励力度

赋予高校、科研院所科研成果使用、处置和收益管理自主权，除事关国防、国家安全、国家利益和重大社会公共利益外，行政部门不再审批或备案。高校、科研院所可以协议方式，进一步将成果使用权、处置权和收益权授予研发团队。探索科研成果产权化，引入科研成果市场化定价机制，建立健全成果转化激励分配机制。提高高校、科研院所科研人员成果转化收益比例，科研团队所得不低于 70%。鼓励人才为社会提供技术服务，收入与成果转化收入同等对待。

#### 3.3.1.5　加大科技人员薪酬激励和财政补助政策力度

完善科研事业单位收入分配制度，推进实施绩效工资，保证科研人员合理工资待遇水平，健全与岗位职责、工作业绩、实际贡献紧密联系和鼓励创新创造的分配激励机制，重点向关键岗位、业务骨干和做出突出贡献的人员倾斜。在山西科技创新城试行科研机构负责人年薪制和急需紧缺等特殊人才协议工资、项目工资等多种分配办法。

完善科研项目劳务费管理制度，让科技经费为人的创造性活动服务。科研项目劳务费指用于支付给包括领取财政工资人员在内的科研项目组成员的劳务费用或补助，以及社会保险补助费用，劳务费可在科研项目财政资助总额的 20% 比例以下据实列支，其中人力资本投入比重较高的软科学研究，规划、设计、咨询类研究和软件开发类项目等的劳务费开支比例可以提高到不超过财政资助总额的 50%。

鼓励引进院士，驻晋工作的山西省财政给予每人 1000 万元科研经费补贴和 200 万元安家费；积极引进“国家重大人才工程”人选专家等高层次领军人才，每人给予200万～1000万元科研经费补贴和100万元安家费。对海内外顶级高层次人才团队带技术、带成果、带项目来山西省创新创业和转化成果的，省财政给予500万～2000万元支持资金。为山西省提供智力服务的高层次人才，省财政视贡献情况对用人主体给予10万～50万元的引才补贴。

对企业从省外引进的高层次人才，依据成果产业化程度可给予企业奖励资助。企业用于招才引智的投入包括薪酬等支出实行税前扣除。国有企业引才专项投入成本视为当年利润考核。企业从省外引进或自主培养的国家、省高层次人才，省财政给予企业30万～50万元奖励资助。

#### 3.3.1.6 完善人才和智力流动长效服务机制

建立省委省政府人才管理服务权力清单和责任清单。消除对用人主体的过度干预，全面清理不符合人才成长规律的政策法规，清理规范人才招聘、评价、流动等环节中的行政审批和收费事项。优化整合各类人才项目和专家称号。积极培育专业化人才服务机构，发展内外融通的专业性、行业性人才市场，完善对人才公共服务的监督管理。推进人才管理服务市场化社会化，安排专项资金扶持人力资源服务业发展。加大政府购买服务力度，推进人才选聘、培训、测评等技术性工作向专业化人才组织和服务机构转移。

推行人才服务“绿卡”制度。加强人才服务窗口建设，省市两级设立人才综合服务平台，建立高效便捷的线上线下人才服务模式。全面推行河北人才服务“绿卡”，为人才在落户、子女入学、社保、医疗、住房、乘车等方面提供便利。组建人才服务专员队伍，协助解决人才个性化需求。将外籍人才养老、医疗等社会保险服务纳入“绿卡”服务范围。

### 3.3.2 落实促进科技创新的财税及金融激励政策

#### 3.3.2.1 落实推广促进科技创新的普惠性政策

加大研发费用加计扣除、高新技术企业税收优惠、固定资产加速折旧等政策的落实力度。紧跟落实国家对包括天使投资在内的投向种子期、初创期等创新活动的投资相关税收支持政策。切实落实国家促进创业投资企业发展的税收优惠政策。适当放宽创业投资企业投资山西省高新技术企业的条件限制。

全面落实税收优惠、保险、价格补贴和消费者补贴等政策，强化政策培训，完善政策实施程序，加大推广力度，切实扩大政策覆盖面和受益面。强化政策落实的部门协调机制，加强对政策实施的监测评估。

#### 3.3.2.2　加强规划任务与资源配置衔接

改革山西省科技创新战略规划和资源配置体制机制，围绕产业链部署创新链、围绕创新链完善资金链，聚焦山西省转型综改战略目标，集中资源、形成合力，突破关系国计民生和经济命脉的重大关键科技问题。把规划作为科技任务部署的重要依据，形成规划引导资源配置的机制。

#### 3.3.2.3　建立多元化科技投入体系

创新财政科技投入方式，加强财政资金和金融手段的协调配合，综合运用创业投资、风险补偿、贷款贴息等多种方式，充分发挥财政资金的杠杆作用，引导金融资金和民间资本进入创新领域，完善多元化、多渠道、多层次的科技投入体系。

#### 3.3.2.4　提高科技投入配置效率

加强科技创新战略规划、科技计划布局设置、科技创新优先领域、重大任务、重点工程和年度计划安排的统筹衔接，加强科技资金的综合平衡。按照新的省财政科技计划（专项、基金等）布局，加强各类科技计划、各研发阶段衔接，优化科技资源在各类科技计划（专项、基金等）中的配置，按照各类科技计划（专项、基金等）定位和内涵配置科技资源。加强科研资金监管与绩效管理，建立科研资金信用管理制度，逐步建立财政科技资金的预算绩效评价体系，建立健全相应的绩效评价和监督管理机制。

#### 3.3.2.5　完善科技创新券补助政策

修订《山西省科技创新券实施管理办法（试行）》，一是扩大科技创新券补助范围，除科技型中小微企业外，纳入市级以上备案的孵化器、大学科技园、众创空间的创客，纳入省重大科研基础设施与大型科研仪器网络平台管理且对外提供服务、业绩突出的科研设施仪器产权单位。二是企业购买科技创新服务的对象不再局限于本省，向省外单位购买的也可以申报补助。三是已有在研科研项目的企业 2015 年开始也可参加申请。

#### 3.3.2.6　完善科技资源共享补贴与收费政策

山西省重大科研基础设施与大型科研仪器网络平台、科技大数据平台必须向社会开放，提供共享服务。省科技厅组织专家对共享服务进行考核评估，省财政厅根据评估结果对省共享平台加盟单位给予共享补贴。补贴资金在省科技专项资金中解决，纳入省级财政国库集中支付范围，通过国库支付系统拨付。科研仪器与设施共享单位对外提供开放共享服务，可以按照成本补偿和非营利性原则收取材料消耗费和水、电等运行费，还可以根据人力成本收取服务费，服务收入纳入单位预算，由单位统一管理。共享单位对各类科研设施与仪器向社会开放服务建立公开透明的成本核算和服务收费标准，行政主管部门要加强管理和监督。共享单位提供共享服务获得的收入及获得的补贴，应该用于共享的科研仪器与设施的运行维护、管理和操作人员劳务费等相关费用支出。

### 3.3.3 强化科技成果转移转化主体责任

建立科研机构、高校科技成果转移转化绩效评估制度，将科技成果转移转化情况作为政府对单位予以支持的参考依据。

建立政府促进科技成果转移转化政策落实情况监测与评估机制，为调整完善相关政策举措提供支撑。

在山西科技创新城试行科研机构干部正职任前在科技成果转化中获得股权的代持制度。

健全科技成果转化为技术标准机制。鼓励山西省科研机构集中力量主动开展煤基产业、低碳产业及和融合领域共性技术标准研制，参与制定国际标准 1 项，省财政奖励所在单位 1000 万元，主导制修订国家标准、行业标准，每项省财政奖励所在单位 200 万元。

### 3.3.4 强化创新法治保障

健全保护创新的法治环境，加快薄弱环节和领域的立法进程，修改不符合创新导向的法规文件，废除制约创新的制度规定，构建综合配套法治保障体系。合理调整和规范科技创新领域各类主体的权利义务关系。

# 第4章 结论

本篇在详细梳理创新型省份内涵、评价方法与区域创新体系构成等方面研究文献的基础上，重点对山西省创新型省份建设现状进行评价。评价得到以下几点。

（1）山西省区域竞争力不足。主要表现为：综合科技进步水平指数、全社会研发（R&D）经费支出占地区生产总值（GDP）的比重、科技公共财政支出占公共财政支出的比重等创新实力指标均处于全国下游水平；国内500强企业数量、高新技术企业数量与科技型中小企业占全省中小企业数量比例等企业创新水平指标有待提升；高技术产业主营业务收入占规模以上工业企业主营业务收入比重、知识密集型服务业、产业集群基本情况等产业创新水平指标落后；科技型中小企业数量少、实力弱。

（2）山西省区域创新能力较低。主要表现为：省内研发人员数量、国家重大人才工程入选人数、省级人才工程引进人才数及公民的基本科学素质等创新人才指标居中部地区下游水平；国家自主创新示范区、高新技术产业开发区、农业科技园区、可持续发展实验区、实验室、工程技术研究中心和产业技术创新战略联盟等创新载体数量有限。

（3）山西省区域创新产业水平较低。主要表现为：技术市场成交额、工业企业的专利及新产品销售收入、研发机构和高校的专利转让情况等创新成果的市场化水平指标落后于国家平均水平；拥有的有效发明专利、发表的科技论文、出版的科技著作及制定的国家或行业标准等能够体现区域技术储备的指标居中部下游水平；每万人发明专利拥有量少，创新效率有待提高。

（4）山西省区域创新创业生态亟须改善。主要表现为：科技企业孵化器、加速器与众创空间数量，能够服务企业的数量及区域互联网普及率等可以体现创新服务水平的指标相对落后；创新政策落实效果显著，如企业研发费用加计扣除作用突出，加大了科技成果转化等普惠性创新政策落实力度等；创新环境质量大幅提升，如推进了省级科技计划管理体制改革，创新驱动政策体系趋于完善，加强了科技成果转化体系建设等。

（5）山西省区域创新特色优势不明显。主要表现为：煤基传统产业技术创新能力有待提升；非煤产业技术创新特色并未显现等。

结合相关理论与创新型省份建设的内涵要求，提出山西省创新型省份建设的策略与建议如下。

（1）推动产业技术创新和区域创新，壮大各类创新主体。主要策略有：推进重点产业技术创新，实现产业转型升级；壮大各类创新主体，引领振兴崛起；完善区域创新布局，打造经济增长极等。

（2）开展多项重点创新工程，提升区域创新能力。主要创新工程有：科技创新城建设工程；高水平创新平台建设工程；技术转移促进工程；高层次创新团队建设工程等。

（3）实施各类创新政策，营造良好创新生态。主要策略有：实施全心全意为人才创新创业提供周到服务的政策；落实促进科技创新的财税及工程激励政策；强化科技成果转移转化主体责任；强化创新法治保障等。

# ·中篇·

# 山西省高新技术产业创新集群发展研究

# 第5章

# 绪　论

20 世纪 80 年代后期，知识经济空前发展、全球化趋势愈加明显、国际竞争压力不断增大。为了应对不断增大的国际竞争压力，提高国家和区域的创新能力，越来越多的国家通过培育高新技术产业集群，来推进区域与国家的创新能力。伴随着产业集群内主体间的协同，高新技术产业集群开始向创新集群的方向发展。

## 5.1　研究背景与意义

高新技术产业是有别于传统产业的、具有较高贡献率与经济附加值的战略产业，从资源投入来看，高新技术产业具有知识密集和技术密集的特征；从未来的发展来看，其具有强大的市场潜力，不仅能够提高劳动生产率，降低生产成本，而且可以带动整个国民经济和社会的快速发展[60]。在过去的 20 年中，全球高新技术产品的增长速度超过了其他制造业产品的增长速度，其他制造业产品的增长速度不到 3%，而高新技术产品增长速度则接近 6%。尤其在 1995 年之后，高新技术产业更是以每年 10% 以上的增长速度递增，是同期其他制造业增长速度的 3 倍[61]。同期，我国高新技术产业也得到了快速的发展。2014 年，全国高技术产业主营业务收入突破了 12 万亿元，占制造业比重达到 13.0%；产业创新能力不断提升，2014 年全国大中型高技术产业企业的研发经费占大中型制造业企业研发经费的 27.5%，研发经费投入强度达到 1.87%[62]。

### 5.1.1　研究背景

自 20 世纪 80 年代开始，世界各国均大力发展高新技术产业，进入 21 世纪与知识经济的到来，高新技术产业更受到了更多国家的重视。世界上主要发达国家，为了增强其在国际市场中的竞争能力、成为世界经济与技术发展的引导者，都把发展高新技术作为国家经济发展的首要战略任务，纷纷增加高新技术产业资源投入、兴办高科技园区，进而占领国际市场。高新技术产业的发展具有显著的产业集群特征，如“硅谷”作为最成功的高科技园区，汇集了众多的科技公司，成为全世界最大的信息产业集群[63]。Porter认为，产业集群是某一产业领域，具有共性与互补性，在地域上相互邻近且彼此联系的企业与相关机构。因此，可以认为高新技术产业集群是指高新技术领域内，具有共性与互补性的企业与关联机构在一定区域内聚集，形成从研发、中试、生产、销售及相互协作、配套的完整的产业链。可以发现高新技术产业集群具有规模化、成本优势与协作创新的特点。

随着经济全球化、信息化与网络化的发展，政府、产业界、研究机构、大学、中介服务机构与金融机构间突破了以往线性联结关系，而形成了互动、交错的网络关系。创新人才、创新资金等创新资源加速向知识与技术密集型的高新技术产业集聚，形成了以产业链、价值链与知识链为基础的战略联盟，产生了具有竞争优势、以集聚经济和大量知识溢出为特征的技术经济网络，即创新集群[64]。创新集群中，创新要素与创新主体间的互动更加频繁、紧密与强烈，形成知识创新推动技术与产品创新，进而引领产业创新，最终提升区域竞争力、完善区域创新体系。因此，高新技术产业创新集群建设与发展，对于提高区域创新能力与区域产业升级有重要的作用。

创新集群不仅是学术界的研究热点，也是世界各国实践发展的热点。世界发达国家已经加快了从产业集群、产业集群到创新集群嬗变的步伐，围绕核心产业，不断推进和扩大创新规模，重视提升集群质量，争向世界一流的国际化集群发展。

2016年5月我国颁布了《国家创新驱动战略纲要》（以下简称《纲要》），其中明确提出了发展创新型企业与产业集群，特别强调要推动产业技术体系创新，以技术的群体性突破支撑引领高新技术产业在内的新兴产业集群发展，实现产业集群向创新集群的嬗变，推进产业质量升级。山西省政府在《纲要》的引领下，正积极起草与论证“贯彻落实《纲要》的实施方案”。在前期的论证过程中，明确将生物、新能源、信息技术、先进环保等产业的创新集群发展作为未来的发展重点。由于起步较晚，山西省高新技术产业存在产业规模小、自主创新能力较弱、环境支持力度有限等问题，真正实现高新技术产业集群与创新集群发展任重而道远。

## 5.1.2 研究意义

山西省作为全国重要的工业基地和能源基地，面临着传统产业比重高，产品技术含量低，生产规模不经济等问题，以高新技术产业发展带动传统产业优化升级，是实现经济跨越发展，彻底转变资源型经济增长方式的必由之路。

高新技术产业在山西省起步晚，1995 年山西省高新技术产业总产值仅为 19.81 亿元，只占全省 GDP 的 1.84%。经过 20 年的发展，山西省高新技术产业有了一定程度的发展，产业规模逐年扩大，截至 2015 年山西省高新技术产业增加值达到 1500 亿元；高新技术企业数量不断增加，从 2011 年的 248 家上升到 2014 年的 520 家；形成了具有地方特色的优势高新技术产业链，如镁合金、LED、煤机装备、医药、煤层气与现代煤化工等；初步形成高新技术产业集群，如太原高新技术产业、长治高新技术开发区等[65]。

由于创新集群能够有效克服单一主体在资源、能力方面的不足，充分发挥各创新主体的优势，有效提升创新的投入产出效果，因此创新集群可以保证创新的可实现性。同时，通过创新主体、创新资源与要素的集聚与耦合，能够改变创新投入产出比例，提升创新主体应对市场和技术的能力，能够缩短创新周期，获得创新先发优势。从形式上看创新集群是一种有效的网络组织形式，在网络中，企业、大学和科研机构作为创新活动行为主体，风险投资机构、政府、中介机构作为创新活动支撑主体，增加了网络的节点，加快了资金、技术、知识和信息等资源的流动，降低了创新活动的不确定性，这种以创新网络为载体的创新集群的形成，为整个创新活动提供有效保障。

但山西省高新技术产业尚未形成产业集群与创新集群发展，因此，本项目以山西高新技术产业创新集群为研究对象，分析山西省高新技术产业创新集群现状与建设策略，在全面分析创新集群要素、机制的基础上，拟提出构建适宜高新技术产业创新集群发展的环境，完善高新技术产业创新集群发展的政策措施，对于山西省实现区域经济可持续发展具有重要意义。

## 5.2 研究目标与研究内容

### 5.2.1 研究目标

本课题运用生态学的理论与方法，结合创新理论与区域经济发展理论，分析高新技术产业创新集群主体的功能耦合原理，探讨高新技术产业创新集群形成不同阶段，创新集群主体应该发挥的功能与作用；利用系统动力模型分析高新技术产业创新集群建设的动力机制，分析影响和制约创新集群建设的内部与外部因素。

利用主成分分析方法与综合评价方法，对山西省高新技术产业创新集群建设现状进行评价，根据评价结果确定影响山西省高新技术产业创新集群建设的影响因素。

结合理论与实证分析的结果，提出山西省高新技术产业创新集群建设的策略建议。

### 5.2.2 研究内容

本课题根据研究目的将研究内容分为 4 个主要部分。

第一部分：相关概念界定及文献综述。

在对相关文献分析的基础上，对产业集群与创新集群的内涵进行了界定，同时提出了作者对创新集群内涵即构成要素的理解；从创新集群的类型、形成动因、绩效评价及影响因素 4 个方面对现有的文献进行了系统梳理，总结得出现阶段缺少探讨资源型地区高新技术产业创新集群方面的研究；从研究方法来看，缺少对资源型地区高新技术产业创新集群建设现状进行客观、定量的评价，也没有将高新技术产业创新集群建设看作为一个完整的系统，运用系统动力学的方法对其建设机制进行探讨。

第二部分：高新技术产业创新集群主体的功能耦合原理及动力机制分析。

（1）运用生态学理论，分别从高新技术产业创新集群主体功能定位、阶段功能需求、主体与阶段间的功能耦合，对高新技术产业创新集群主体的功能耦合原理进行详细探讨，总结得到高新技术产业创新集群不同发展阶段主体应发挥的作用。

（2）利用系统动力学理论，结合 Vensim 软件，详细分析资金、人才与创新活动循环反馈在高新技术产业创新集群建设中的作用机理。总结提出了高新技术产业创新集群的创新能力、高新技术产业创新集群的创新收益和高新技术产业创新集群的吸引力之间，通过相互推动的方式促进高新技术产业创新集群建设水平的提升。

以上两部分内容的研究为下一步提出山西省高新技术产业创新集群建设策略提供了充分的理论依据。

第三部分：山西省高新技术产业创新集群发展特征、现状及效率评价。

（1）收集山西省高新技术产业创新集群发展的数据，总结提出了山西省高新技术产业创新集群发展特征，如产业特色较为明显、品牌优势逐步树立、主导优势企业持续成长、产业结构呈现逐步升级趋势、产业链延伸初见成效及创新能力不断提升等。

（2）利用相关统计数据，对山西省高新技术产业创新集群发展现状进行评价。首先，从创新集群发展水平的角度，构建山西省高新技术产业创新集群发展水平评价指标体系，从资源投入、技术实现、价值实现、创新效率与成长潜力5个方面考察山西省高新技术产业创新集群发展水平。其次，运用主成分分析法，对相关指标的权重予以赋值。最后，基于相关指标权重的确定，采用综合评价方法，对比全国其他30个省（区、市）高新技术产业创新集群发展状况，得到了山西省高新技术产业创新集群发展现状评价结果，分别为创新集群发展水平落后，创新集群发展处于成长区，资源投入、技术实现与价值实现制约山西高新技术产业创新集群发展。

（3）利用山西省统计局所获得的各地区高新技术产业的相关数据，运用DEA方法对山西省高新技术产业创新集群效率进行评价，得到山西省高新技术产业创新集群未达到DEA有效，即高新技术产业创新集群效率较低，在保持现有的投入不变的情况下，高新技术产业创新集群的产出太低；山西省高新技术产业创新集群的产出偏低，新产品产值占工业总产值比重太低，一方面反映出高新技术产业创新集群产出的新产品数量少、获利能力低；另一方面，反映出山西省高新技术产业创新集群对拥有发明专利的产业化水平较低、专利的应用能力较差。因此，未来山西省高新技术产业创新集群建设过程中应加大新产品的开发与生产，加快发明专利的产业化速度。

第四部分：山西省高新技术产业创新集群建设策略分析。

在第二部分和第三部分研究、分析的基础上，分别从确定创新集群建设重点领域、发挥创新主体的主动性、创新环境营造及推进创新主体间的协同创新等政策建议，探讨山西省高新技术产业创新集群建设的策略。

## 5.3 研究方法与研究框架

确定研究方法与研究框架是完成本部分研究内容、实现研究目标的基础，同时研究方法体现了本课题研究过程的科学性，研究框架体现了研究过程的逻辑性。

### 5.3.1 研究方法

本课题在研究过程中，为了保证研究结论的科学性，融合了定性分析与定量分析的方法，其中定性分析方法主要体现在文献分析方法的应用，而定量分析方法主要体现为综合评价与系统动力学模型建立。

文献分析：为了探讨高新技术产业创新集群建设的策略，对创新集群的类型、形成动力、绩效评价及创新集群绩效的影响因素等方面的相关研究文献进行了整理与分析。这几个方面的研究成果为后期选择研究方法、构建综合评价指标体系及系统动力学模型提供了理论依据与参考。

综合评价与系统动力学模型：对山西省高新技术产业创新集群发展现状进行综合评价，建立高新技术产业创新集群发展的系统动力学模型主要研究方法，包括两个部分：①首先，从创新集群发展水平的角度，构建山西省高新技术产业创新集群发展水平评价指标体系，从资源投入、技术实现、价值实现、创新效率与成长潜力 5 个方面考察山西省高新技术产业创新集群发展水平。其次，运用主成分分析法，对相关指标的权重予以赋值。最后，基于相关指标权重的确定，采用综合评价方法得到了山西省高新技术产业创新集群发展现状评价结果。②利用系统动力学理论，结合 Vensim 软件，建立资金、人才与创新活动循环反馈的因果关系，总结出相关因素在高新技术产业创新集群建设中的作用机制。

### 5.3.2 研究框架

本课题采用“理论分析—现状评价—总结策略”的研究思路，对山西省高新技术产业创新集群发展现状与建设策略进行了研究。本课题的研究框架如图 5-1 所示。

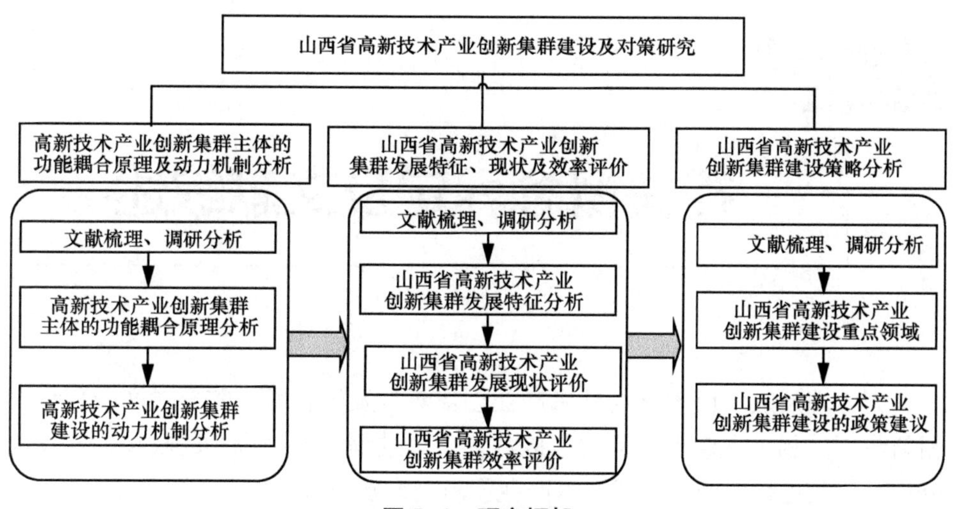
山西省高新技术产业创新集群建设及对策研究
高新技术产业创新集群主体的功能耦合原理及动力机制分析
山西省高新技术产业创新集群发展特征、现状及效率评价
山西省高新技术产业创新集群建设策略分析
文献梳理、调研分析
高新技术产业创新集群主体的功能耦合原理分析
高新技术产业创新集群建设的动力机制分析
文献梳理、调研分析
山西省高新技术产业创新集群发展特征分析
山西省高新技术产业创新集群发展现状评价
山西省高新技术产业创新集群效率评价
文献梳理、调研分析
山西省高新技术产业创新集群建设重点领域
山西省高新技术产业创新集群建设的政策建议

图 5-1 研究框架

# 第6章

# 相关概念界定及文献综述

为客观反映山西省高新技术产业创新集群发展状况，需要对产业集群与创新集群的相关概念做出界定，以利于研究过程中各种资料的收集、整理与分析，以及进行山西省高新技术产业创新集群建设效率的分析。

## 6.1 相关概念界定

与本课题研究相关的概念主要包括产业集群与创新集群，以下结合相关学者对产业集群与创新集群的研究结论，分析产业集群与创新集群的内涵。

### 6.1.1 产业集群的内涵

对产业集群的研究可以追溯到20世纪80年代，不同研究领域的学者分别从经济学、地理学、社会学与管理学等多个角度对产业集群进行了界定。亚当·斯密从经济分工的角度，提出企业集群是为了生产某种产品由许多分工明确的中小企业联合在一起的群体[66]。罗森菲尔德是从社会学的角度对企业集群进行了界定，他认为企业集群不仅表现为地域范围内的集聚，更表现为集群内企业间的合作、共享社会关系网络[67]。韦伯从地理区位的角度，提出企业集群是特定地域范围内企业互相作用的集聚体[68]。威廉姆森从管理组织的角度分析，认为企业集群是企业专业化工作与合作而聚集起来的组织[69]。而波特从战略的角度对企业集群进行了界定，他认为企业集群是一群处于相同的产业领域，存在共性或互补性，且在地理位置方面相邻的企业和机构，通常包括上游供应商、下游企业及提供服务的其他机构[70]。OECD从区域整体发展的角度将集群界定为，由相互依赖的企业、高校与科研院所等知识创造机构、中介服务机构及顾客组成的生产网络[71]。王缉慈对波特教授的产业集群定义进行了拓展，认为产业集群是在一定地域范围内，许多专业化的企业及其相关组织通过弹性集聚而形成的密集合作网络[72]。

因此，借鉴以上学者的定义，可以认为产业集群是由地理上邻近且处于同一产业领域的企业与组织机构，相互沟通、联系而形成的研发与生产网络。

### 6.1.2　创新集群的内涵

罗森博格最早提出“创新集群”的概念，认为创新的模仿和扩散过程中的“二次创新”是导致创新集群产生的原因；Lundvall[73]、Preissl[74]认为集群内主体的集体行为和互动的学习过程是创新集群基本特征。Bortagaray 等[75]强调创新集群以知识的交换、交互学习和价值集聚为基础。Kongrae[76]提出创新集群表现为多种类型的企业在地理位置上的集聚，可以实现分享知识与产品增值的作用，表现为由多个主体，结合相应的创新机制而形成的创新系统。Liyanage[77]认为创新集群是研究机构与产业界从事创新活动而形成的技术网络和联系。

1999 年，经济合作与发展组织（OECD）出版了“集群——促进创新的动力”的研究报告，指出创新集群是通过产业链、价值链和知识链形成的战略联盟或各种合作关系，具有竞争优势的、以集聚经济和大量知识溢出为特征的技术经济网络[78]。

国内许多学者也对创新集群的内涵进行了界定。肖广岭[79]认为产业集群是创新集群的基础，促进创新集群的形成和发展又会促进产业集群的高级发展。王缉慈[80]提出创新集群是体现了参与创新活动行为主体的互动关系的地方网络。钟书华[81]认为创新集群是由企业、研究机构、大学、风险投资机构、中介服务组织等构成，通过产业链、价值链和知识链形成战略联盟或各种合作，具有集聚经济和大量知识溢出特征的技术——经济网络。宋琦等[82]认为创新集群是产业集群发展到一定阶段形成的，知识要素聚集，具有较强创造力和创新驱动的知识经济网络系统。

因此，综合以上研究可以得到创新集群是网络组织形式，是具有创新性的产业集群，其功能的发挥需要支撑体系、相关资源的组织及产业链、知识链和价值链的耦合实现。创新集群属于产业集群发展的较高阶段，从其发展与形成过程来看，分别经历了产业集中、产业集聚、产业集群等阶段，具体形成过程及各阶段的特征可以用图 6-1 来说明。

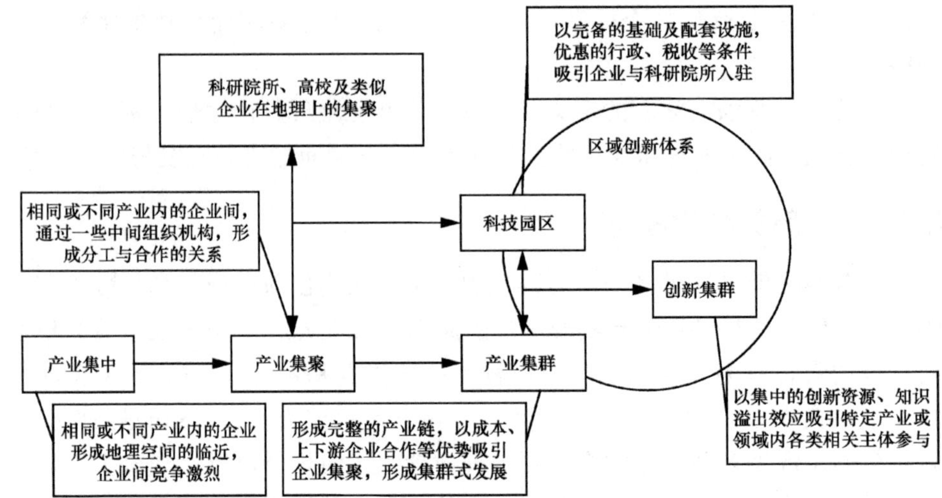


图 6-1　创新集群的发展过程及各阶段的特征

在产业集中阶段，相同或不同产业内的企业会出于降低交易成本的因素，逐渐向相同的地域聚集。例如，英国的曼彻斯特在 19 世纪 40 年代时聚集了许多传统的工业企业。在这一阶段，企业间表现为激烈的竞争关系。

在产业集聚阶段，区域内的现代工业体系不断发展壮大，科研院所、高校及中介机构逐渐向企业聚集的地域集中，如 19 世纪 90 年代的德国鲁尔工业区。此时，企业间不再是单纯的竞争关系，表现为更加复杂的分工与合作关系。

在产业集群阶段，企业、科研院所、高校及中介机构在区域政策的引导下，向特定的园区聚集，形成了科技园区，如美国的硅谷。区域内形成了完整的产业链，上下游企业间的合作更加紧密，能够实现优势互补，降低研发与生产成本。

在创新集群阶段，区域创新体系基本建立，创新资源更加集中、组织间的知识溢出效应更加明显，企业、科研院所、高校及中介机构等集群主体间的互动频率及合作更加紧密，能够更加有效地带动区域创新体系的发展，如加州圣地亚哥生物技术创新集群、纽约州奥尔巴尼纳米技术创新集群等。

## 6.2　创新集群相关研究

对收集到的文献进行整理、归类，可以发现与本课题相关的研究，主要包括以下 4 个方面：创新集群的类型、创新集群的形成动因、创新集群绩效评价与创新集群绩效的影响因素。

### 6.2.1　创新集群的类型

从不同的角度，可以将创新集群分为不同的类型。如从创新集群形成与发展的角度，可将创新集群分成政府主导的自上而下型和市场驱动的自下而上型。龙开元[83]按照创新之间有无直接联系，将创新群集分为M型创新集群和T型创新集群，其中，M型创新集群是技术上无直接联系，仅由需求或其他有利条件共同刺激所引起的创新集群；T型创新集群是由出现一种可为大量的改进型创新提供基础的重要创新所诱发的。骆静、聂鸣[84]从创新集群的内外部联系的角度，将创新集群分成内聚性集群、新工业区、创新环境集群和邻近集群。田桂玲[85]考虑到集群内部创新源泉的差异，将创新集群分为产业创新集群、区域创新集群、网络创新集群等。李北伟等[86]从创新集群初创过程中起支配作用的主体差异，将创新集群划分为龙头企业推进型、产业推进型、政府推进型、科研机构推进型、金融机构推进型和市场自发形成型。

因此，不同类型的创新集群在形成过程中起作用的主体不同，其形成与发展过程中起支配作用的机理不同，导致创新集群的演进过程出现差异，相应的运行机制与制度设计也会存在差异。

### 6.2.2　创新集群的形成动因

马歇尔认为外部经济性是支配企业集群的形成机理。德布瑞森认为导致创新集群因素包括范式的不连续性、技术系统的辅助作用、累积性的学习过程等来自经济系统外部的要素及范围经济、技术外部性、创新诱导机制、独占性、创新交易成本、创新利润等来自经济系统的内生因素。并且，这些因素之间还是孤立的，这些因素都能促使创新倾向于集群，会产生协同作用，存在系统的自增强动态机制。因此，通过政策制定可以培育创新集群，通过促进创新源、创新者、创新产品用户之间的联系、结合、互动，推动创新的动态积累[87]。

Engel、Del-Palacio[88]认为全球化的创新网络是创新集群快速形成的主要因素。符正平[89]认为聚集网络的外部化是企业集聚形成的主要机制。刘恒江、陈继祥[90]认为涌现性是民营企业簇群形成的核心动力。王福涛、钟书华[91]认为创新集群演化机制是以卖方市场集中、产业地理集聚与技术创新聚集的耦合方式构成的。李福刚等[92]认为创新集群的演化是内生与外生机制共同作用的结果。

赵新刚等[93]对圣地亚哥创新集群的建设进行研究，认为雄厚的科学技术基础和创业文化氛围是诱发圣地亚哥生物技术创新集群产生的关键因素。Walshok等[94]通过调研得到，圣地亚哥创新集群的成功经验在于3个方面，分别为：地区丰富的人力资本储备、发达的商业与金融网络、人力资本掌握的先进技术与知识的广度和深度。Sallet[95]对纽约奥尔巴尼纳米技术创新集群进行研究，认为知识资产、前沿基础设施是推动纳米技术产业发展的关键创新动力。Hattori、Lecler[96]研究日本九州产业园区与彩都生命科学园区的集群特征，得到研究机构、企业与政府之间形成相互联系的网络，重视孵化的作用，建立创新与工业需求之间的联结，不同集群间的合作等是九州与西都集群建设的成功之处。赵中建、王志强[97]认为欧盟通过实施集群创导项目，有力推动了创新集群的形成。吴丽华、罗米良[98]认为日本通过实施产业集群计划有效地促进了日本产业集群的形成与发展。

因此，可以总结出创新集群形成的动力因素主要包括知识溢出效应、聚集经济性、学习机制、社会资本及政府政策等因素。

### 6.2.3 创新集群绩效评价

从实践的角度来看，OECD开展了大量的集群绩效评价实践活动，设计了集群记分牌绩效评价指标体系，主要包括了主观与客观两类指标，具体的指标为：创业精神、就业增长、收入增长率、盈利能力、流动比率与偿债能力[99]。

在集群绩效评价实践活动开展的同时，一些研究者也开展了创新集群绩效的衡量与评价问题方面的研究。李卫国、钟书华[100]认为创新集群绩效包括获利能力、社会效益、创新效率与发展潜力4个方面，分别用集群规模与出口能力衡量获利能力，用就业人数衡量社会效益，用集群创新度衡量创新效率，用集群集中度与集群专业化衡量发展潜力。周晓晔等[101]分别从集聚度、环境支持能力、创新能力、竞争合作能力、产出能力与经济促进能力6个方面衡量物流产业集群的绩效。冯梅、孔垂颖[102]从创新效率与规模效率两个方面来衡量集群绩效，其中创新效率的投入指标包括技术人员比例与R&D经费投入，产出指标为专利数量；规模效率的投入指标包括资产总额与新项目投资，产业指标为产品销售收入与产品市场占有率。吴俊杰、盛亚[103]利用集群总产值在区域行业中所占比例、集群规模增长速度与集群解决当地就业能力 3 个指标来衡量集群绩效。周炯、杨平儿[104]从产出能力、集聚程度、创新能力与开放程度 4 个方面对集群绩效进行评价。左和平、杨建仁[105]认为集群绩效表现在产业集聚、竞争、合作、创新、产出与经济促进 6 个方面。左和平、杨建仁[106]认为陶瓷产业集群绩效是陶瓷产业集群对区域经济的促进能力，可以用陶瓷产业集群增加值与所在地区 GDP 比值来衡量。赵军、时乐乐[107]利用地理集中指数来衡量产业集群的发展程度，并采用集群的 GDP 与就业人数来表征集群的绩效。

另外一些研究者探讨集群的创新绩效。Danneels[108]认为可以利用企业的专利申请数量来衡量集群内企业的创新绩效。Laursen、Salter[109]提出能够客观度量集群企业创新绩效的指标有：新产品数量、发明专利数量及新产品产值占销售收入的比重等。韩东林等[110]利用有效发明专利数与新产品销售收入来衡量高技术产业集群创新绩效。史焱文等[111]利用 DEA-Tobit 两阶段模型对农业产业集群创新效率与影响因素进行了研究，选择了企业科研经费投入、科研人员数量、土地投入、企业合作的科研机构数量、合作交流的企业数量作为衡量集群创新效率的投入指标，将企业新产品数量、新产品产生的利润作用衡量集群创新效率的产出指标。杨皎平等[112]用集群新产品数或申请的专利数增长率、集群新产品产值占销售总额的比重、集群产品的开发速度与集群创新产品的成功率来衡量集群的创新绩效。洪燕真、戴永务[113]分别从产品创新能力、工艺创新能力、市场创新能力、管理创新能力与信息获取能力来衡量林业产业集群创新绩效。赵红岩等[114]认为企业创新绩效指企业在技术创新过程中的效率、产出的成果及其对商业成功的贡献。杨洪涛、杨平晓[115]指出，创新绩效是指产品或工艺创新过程中产出技术的效率和效果。徐维祥等[116]分别从产品创新与过程创新两个维度来衡量集群创新绩效。

通过以上文献分析，可以认为创新集群绩效应该包括获利能力（可以用利润、资产报酬率等财务指标来反映）、创新能力（可以用专利数量、新产品数量及新产品销售收入等创新绩效指标来反映）、社会贡献（可以用吸收当地就业人数、交纳的税收等来反映）、发展潜力（可以用集群内企业增长率、销售收入增长率等来反映）。

### 6.2.4 创新集群绩效的影响因素

学者们分别从创新网络、社会资本、知识溢出、科技中介等因素对创新集群绩效的影响进行研究。

#### 6.2.4.1 创新网络对创新集群绩效的影响

孟祥芳[117]借鉴OECD的集群记分牌绩效评价指标体系对中国创新型产业集群建设绩效进行了研究，得到构建协同创新网络、提升集群弹性能力与建设知识密集型集群等方法可以有效地提高产业集群建设绩效。罗颖等[118]运用结构方程模型研究开放式创新与产业集群创新绩效之间的关系，得到加强内外部纵向合作、内外部横向合作、内外部政产学研合作、内外部公共服务平台合作可以提高产业集群创新绩效。朱建民、史旭丹[119]研究集群网络和创新绩效的关系，得到商业网络、科技网络、渐进性与突破性创新策略均会正向影响集群企业创新绩效。徐维祥、陈斌[120]研究创新集群内外环境与创新绩效的关系，得到创新集群外部环境不确定性和资源丰裕度对创新集群创新绩效产生显著的正向影响、创新集群网络凝聚力和网络紧密度对创新集群创新绩效产生显著的正向影响、创新集群创业活动在创新集群网络结构与创新集群创新绩效之间起到部分中介作用。徐维祥等[116]得到协同创新网络创新绩效有正向的作用，而知识管理能力在其中起到了部分中介的作用；他认为协同创新网络体现为与当地企业和网络成员的合作、与当地外资企业的合作、与国外业务伙伴的合作。吴俊杰、盛亚[103]通过实证研究得到，网络开放度与网络强度对创新绩效有正向的作用；但当环境不确定性程度较高时，网络开放度的正向作用增强，而网络强度的正向作用明显减弱。

因此，可以发现创新网络、网络开放度与网络强度等创新网络特征均会对创新集群绩效产生影响。

#### 6.2.4.2 社会资本对创新集群绩效的影响

Tsai、Ghoshal[121]通过实证研究得到，社会资本对创新绩效有正向的影响。Nahapiet、Ghoshal[122]认为社会资本有助于提高企业智力资本的产出，社会资本密集程度越高的企业往往在智力资本的分享与产出方面更有优势。Maskell[123]研究企业与其他组织的合作创新行为，得到社会资本会明显降低企业的创新成本。Chang等[124]研究得到社会资本可以提高企业开发新产品的频率，提升企业创新绩效。刘向舒[125]通过梳理社会资本对产业集群作用的相关文献，得到较高的社会资本可以加快知识和信息的流动性、降低交易成本，有利于知识的传播和扩散，提高集群研发创新效率。朱建民、史旭丹[126]研究产业集群社会资本与创新绩效的关系，发现不同产业集群生命周期，横向、纵向与斜向社会资本对创新绩效的影响程度不同；当产业集群进入成熟期时，社会资本对创新绩效的促进作用最显著。李宇等[127]人的研究发现社会资本的关系、结构与认知 3 个维度与知识转移之间存在显著的正相关关系，知识转移在社会资本与创新绩效之间起到了部分中介的作用，创新集群中的企业衍生和技术衍生活动促进了知识转移到创新绩效的实现过程。

因此，可以得到社会资本与创新集群绩效的作用受其所处的生命周期影响，不同社会资本的类型、社会资本的特征均会对创新集群绩效产生不同的影响。

#### 6.2.4.3　知识溢出对创新集群绩效的影响

知识溢出对创新集群绩效的作用有 3 种不同的观点。一种认为，知识溢出有利于提高集群企业创新绩效。Freeman[128]研究企业与其他组织之间的合作行为，得到知识溢出有利于科学、技术与市场信息的流动，构建更有效的信息与合作网络，提高企业的新产品研发效率。Saxenian[129]研究硅谷的计算机企业的研发活动，得到硅谷企业通过建立合作伙伴关系，有效地促进了知识的流动与知识溢出，有助于提升硅谷产业集群绩效。Rui[130]认为研发人员的个人社会网络、企业合作网络有效地促进了知识溢出，并成为集群创新的内在因素。Cassar、Nicolini[131]研究区域间的企业创新活动，得到区域间企业的知识溢出有效地提高了企业创新的成功率。陶锋[132]认为吸收能力有利于企业间的知识溢出，而隐性知识溢出对企业创新绩效有重要的作用。

另一种观点认为，知识溢出对集群技术创新有消极影响，通过知识产权保护可以降低集群企业间的知识溢出，从而提高集群创新绩效。Romer[133]认为知识溢出使创新成果成为公共物品，产生创新收益外溢，减弱了企业创新的动力。Branstetter 等[134]研究了知识产权制度改革前后的企业创新成果，得到知识产权保护有效地增加了企业的创新活动，有利于提高企业创新绩效。Chen、Puttitanun[135]认为在发展中国家，知识产权保护有利于企业创新活动的开展。杨皎平等[136]认为从长期来看，知识溢出不利于集群创新的产出。

第三种观点认为，知识溢出对集群创新绩效呈现倒“U”形影响。O’Donoghue、Zweimüller[137]认为知识产权保护对企业技术创新绩效存在倒“U”形关系。Park[138]提出为了获得最佳的创新绩效，那么一定存在最优知识产权保护水平。赵书松等[139]认为知识共享存在两面性，一方面知识共享有利于提高组织与个体的创新能力；另一方面知识共享会产生抑制创造性、挤出组织利益与加剧旁观效应等负效应风险。邬爱其、李生校[140]从外部创新搜寻战略的角度出发，通过实证检验得到本地搜寻深度战略对产品创新绩效呈现倒“U”形影响。杨皎平等[112]利用数学模型与实证研究方法得到，知识溢出增加，集群创新绩效呈倒“U”形变化。

因此，可以得到知识共享或知识溢出对创新集群绩效的影响存在双面性，在创新集群中可能存在最优知识共享或知识溢出水平。

#### 6.2.4.4 科技中介对创新集群绩效的影响

Wolpert[141]认为在创新集群中，科技中介起到了联系创新网络各个节点的作用，成为创新集群中信息、知识与机会的储藏库。彭纪生[142]提出中介在技术创新网络中起到了沟通黏结、咨询服务与协调重组的作用。因此，科技中介可以减少创新集群内企业与其他组织联结的成本。Zhang、Li[143]认为企业与科技中介联结是其进入创新集群的首要条件。Katila、Ahuja[144]认为科技中介可以与集群内的企业、研发机构形成互动，形成包括产品需求、技术研发成果、资金需求等信息流动渠道，扩大企业创新资源的搜索范围，增加企业知识、技术储备，提高创新绩效。Shane、Cable[145]认为科技中介能够降低企业搜寻信息与知识的成本，促进创新集群的形成。

科技中介的网络位置也会对创新集群绩效产生影响。郭元源等[146]认为处于网络中心的科技中介比同处于网络中心的企业等其他类型结点，更有助于产业集群资源的优化及配置。因此，科技中介在网络的中心度会对创新集群绩效产生正向的影响。Soda等[147]认为科技中介在网络中占据的结构洞越多，说明其所起到的“黏合”作用越明显，为相对细碎化的网络提供了较多资源交流渠道，帮助企业剔除冗余联系，减少不必要的关系投入，有益于集群创新活动。钱锡红等[148]认为占据结构洞越多的结点可以获得许多不同的信息，通过筛选与整合，有效提升科技中介咨询服务的效率，促进创新集群资源有效分配。曾婧婧、刘定杰[149]探讨产业集聚效应对企业创新绩效的作用，以企业利润作为衡量企业创新绩效的指标，回归分析显示中介中心度和聚簇度对企业创新绩效有促进作用，而结构洞限制度会削弱企业创新绩效。

因此，综合以上文献的观点，可以得到创新集群中科技中介的作用非常重要，特别是在创新集群网络中处于中心位置且占据较高结构洞的科技中介机构，其对创新集群绩效与创新集群建设均有积极的作用。

## 6.3 文献评述

通过对以上文献的综合分析，可以得到以下两点。

（1）虽然国外对创新集群方面的研究比较早，但大多数研究是从微观的角度探讨创新集群的类型、形成动因、绩效评价及影响因素，缺少从中观层面探讨资源型地区高新技术产业创新集群方面的研究。

（2）从研究方法来看，缺少对资源型地区高新技术产业创新集群建设现状进行客观、定量的评价，也没有将高新技术产业创新集群建设看作一个完整的系统，运用系统动力学的方法对其建设机制进行探讨。

# 第7章 高新技术产业创新集群主体的功能耦合原理及动力机制分析

近年来，在《国家中长期科学和技术发展规划纲要（2006—2020年）》的指引下，我国正经历从制造大国向创新型国家的转变，而高新技术产业创新集群建设则在此转变过程中发挥着举足轻重的作用。

从世界范围来看，高新技术产业不仅可以反映国家综合科技实力，也可以带动一个国家、地区经济与社会快速发展。而创新集群在促进高新技术产业发展方面有非常重要的作用，如加州圣地亚哥生物技术创新集群、纽约州奥尔巴尼纳米技术创新集群、德国弗劳恩霍夫纳米创新集群、法国图卢兹航空航天谷竞争力集群、东英格兰地区的低碳创新集群、印度班加罗尔信息技术创新集群、瑞典斯德哥尔摩ICT创新集群等创新集群的建设，有效地实现了这些国家在科技上占据国际领先地位、产业上保持国际竞争力的目的。

创新集群建设需要同时考虑集群的内生与外生机制，而创新集群主体间的有效互动对提高创新集群绩效有重要的影响[92]。创新集群建设不同阶段，创新集群主体间的互动机制有较大差异。创新集群建设萌芽期，创新集群主体间的互动以学习为主；创新集群建设成长期，创新集群主体间的互动以扩散、合作为主；创新集群建设成熟期，创新集群主体间的互动以协同创新为主[150]。

因此，要充分发挥创新集群的作用，建设高效的高新技术产业创新集群，不仅需要明确创新集群主体的功能耦合原理，而且需要分析创新集群建设的动力机制。

## 7.1 高新技术产业创新集群主体的功能耦合原理分析

高新技术产业创新集群主体的功能耦合原理需要重点分析创新集群主体

的功能、创新集群建设不同阶段的功能需要，以及集群主体与创新集群建设不同阶段间的耦合关系。

### 7.1.1　高新技术产业创新集群主体功能定位

随着全球创新价值链不断延伸，高新技术产业创新集群的核心主体，如政府、高校、科研院所与企业之间的合作从点对点的线性联系逐步发展为网络式结构。同时，一些新的“主体”不断进入创新集群，如金融机构、中介服务机构等。高新技术产业创新集群各主体间的关系如图 7-1 所示。

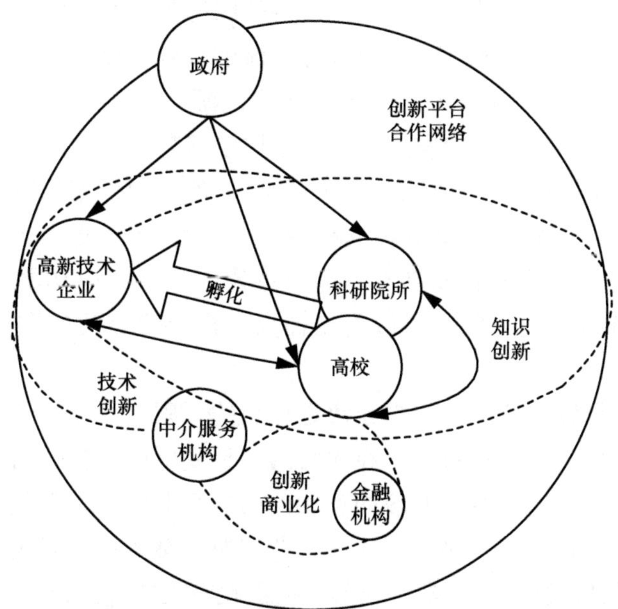


**图 7-1　高新技术产业创新集群主体及相互联系**

高新技术产业的主体包括高新技术企业、科研机构和大学、政府部门、中介服务机构、金融机构。它们之间相互作用，形成了复杂的网络系统关系，推动着集群向前发展。

（1）高新技术企业是创新活动的主要参与者，把大量的技术、人力资源用在科技创新活动中，新的研究成果就是其最重要的利益源。

在高新技术产业集群中，企业是最重要的组成部分，集群的其他主体可以说都是围绕着更好地发挥企业的功能而运作的。同时，企业通过将技术、知识转化为产品，和集群外的商家和消费者建立了紧密联系，能比较直接地感受到市场的变化，以市场为导向确立新的研究目标，为其他专门从事研究的机构指明了方向。

（2）科研机构和大学都从事着大量的研究创新工作，科研机构主要分为企业投资、政府资助两种，两者都以知识的实际运用为其主要的研究目标，通常都与企业建立了比较深厚的合作关系。

大学是追求真理、培养人才的地方，主要是做基础研究，研究结果往往可运用程度不高，和企业的合作更多的是体现在人才供给方面，对于高新技术企业来说，最重要的资源就是人才，一个优秀的毕业生能为企业带来的价值是极其重要的。美国硅谷、英国剑桥科技园等国际著名的高新科技创新集群都存在着大量的科研机构，以及世界一流的大学，保证了丰富的知识、人才供给，而知识和人才正是一个集群的生命之源。

（3）政府对本地的产业发展情况有着比较深刻的了解，可以根据此制定相应的集群发展规划，并在必要的时候给予集群一定的政策优惠。

在创新集群初始阶段要减税支持企业渡过困难阶段，鼓励集群外企业的入驻，扶持有前途的企业创立。当集群发展畸形、出现恶性竞争、企业数量超过集群承受能力的时候政府也需要出面制定合适的政策帮助集群的正常发展。

充分发挥市场在资源配置中起决定作用的原则，不要过度地干预企业的正常发展。例如，深圳市目前已经成为国内最受创业者青睐的地区，主要原因就是深圳市政府对待企业开放的态度，引导企业而不是干预。建立一系列工程中心和公共技术服务平台，帮助企业解决关键的技术问题，通过市政划拨土地规划科技园区，为众多企业落户提供政策支持，在企业发展起来之后，政府就不再过多干涉。

作为地区环境的主要责任人，政府还应该做好基础设施的完善、环境污染的监督和治理、产品质量的监督、区域信誉和品牌的构建、市场秩序的制定和维护及创新体系的构建等经济发展的社会层面问题。

（4）中介服务机构以企业为主要服务对象，提供金融、会计、法律、科技服务等支持服务，增加其与集群内及集群外的各主体之间的联系。

科技服务业是在当今产业不断细化分工和产业不断融合生长的趋势下形成的新的产业分类，在创新集群中显得尤其重要，科技服务主要包括科学研究、专业技术服务、技术推广、科技信息交流、科技培训、技术咨询、技术孵化、技术市场、知识产权服务、科技评估和科技鉴证等活动，是帮助企业提升自身创新能力的重要机构。

在高新技术产业集群中，新企业的加入、老企业的倒闭变得更加的频繁，为了企业间有效的合作，需要中介机构来担当信息传递的角色，对企业进行细致的调查、了解，为能够相互合作的企业牵线搭桥，有的和大学、科研机构联系较密切的机构，还能为企业寻找需要的知识技术，促进知识的整合。高新科技产业因为投资风险大、回报率高、回报速度快等特点一直受风险投资公司的青睐，而很多创业者的仅有资产就是自己的技术，需要资金的注入，两者情投意合。目前我国很多成功的高新技术企业都是在风险投资机构的帮助下成长起来的。

### 7.1.2　高新技术产业创新集群阶段功能需求

创新集群由于不同的区域条件，有着不同的形成原因、发展方式。一个完整的创新集群生命周期大致可分为 4 个阶段：初创阶段、成长阶段、成熟阶段和升级阶段，不同的创新集群阶段其功能需要有较大的差异。

（1）在初创阶段，各企业由于区域的资源优势、政策优势、地理优势等方面的比较优势，开始在空间上聚集。

创新集群初期聚集的原因存在很大的偶然性，如上海的M50 创意集群，刚开始的时候画家因为该区域建筑有艺术气息，且租金便宜开始聚集，一步步发展成为现在的状态。在此阶段，企业之间除了空间上的邻近之外接触很少，更难发生技术上的合作，大家都以自身的发展为主，很少考虑集群的利益。

有一定的集聚经济外部效益，但更为关键的集群效益还没有产生，很难吸引大量有前途的企业入驻。集群内的其他主体如中介机构、科研机构很少或没有，就算企业有合作的打算，效率也是低下的。因此集群在初创阶段发展缓慢，需要大量的时间。

（2）在成长阶段，经过一定时间的发展，集群内的企业联系增多，开始了逐步深入的合作，规模效益增大，对集群外企业的吸引力也显现了出来，集群内企业数量开始大量上升。

伴随着集群规模的扩大，中介机构开始出现并发挥作用，企业之间的联系进一步加深，大学、科研机构的研究成果开始流入集群，集群创新能力提升。集群内各主体建立了丰富、发达的网络联系，交易成本和不确定性逐渐下降，这为企业间建立分工和协作关系创造了非常有利的条件。在这种网络联系中，既有业务的交流、价值的流动、物质的流动，也有信息的流动、人才的流动等。此阶段集群发展迅速，效益明显。

（3）在成熟阶段，集群内的资源是有限的，企业的不断加入在产生聚集经济效益的同时使资源竞争加剧，集群对企业的吸引力开始下降，集群内企业的增加开始放缓。

该阶段创新集群企业的竞争压力增加，但是集群的效益由于各主体网络关系的成熟达到最大，产业分工进一步细化，主体之间合作密切，相对于集群外的企业优势明显。成熟期的产业集群不再具有成长期那种强劲的增长势头，企业利润也不再呈现剧烈的增长，而是稳定在一个较高的水平。为了争夺利润，企业采用各种手段展开竞争，在激烈的竞争环境中，超额利润逐渐消失，集群内出现利润平均化。

（4）在升级阶段，集群的优势降低，需要企业进一步利用协作网络，提升创新能力进而促进创新集群升级发展。

在前几个阶段，集群一般都会拥有一定的区域优势、政策优惠，但随着集群的发展，这些优势会越来越小。各企业刚开始合作的时候，企业间的不同点较多，技术差异较大，很容易在原有技术的基础上产生创新，随着合作的深入，企业之间技术趋同，模式趋同，创新难度加大。

只有那些拥有自主创新能力的企业才能生存下去，能力不足的企业必将被合并、收购或淘汰，同时新的企业加入集群，在这个过程中，会对一些已经建立的网络关系产生破坏，企业需要利用好中介机构适应这个过程，并尽快建立新的网络关系。在升级阶段，集群趋于最终的稳定。

### 7.1.3　高新技术产业创新集群主体与阶段间的功能耦合

由于创新集群阶段不同，创新集群主体的作用及各阶段的功能需求存在差异，因此，需要分析高新技术产业创新集群主体与各阶段的功能需要间的耦合问题。

#### 7.1.3.1　创新集群初创阶段主体间的功能耦合

结合对高新技术产业创新集群主体功能定位与创新集群阶段功能需要的分析，可以得到创新集群初创阶段主体间的功能耦合情况（图 7–2）。

从图 7–2 可以看到，在初创阶段，很多企业才刚刚进入集群，企业总体数量很低，中介服务机构在这样的情况下，很难在集群内生存下去。企业之间了解程度不高，也没有形成中介机构帮助企业之间的互相了解，就算有合作，也只是停留在外在的简单合作，不会太深入，企业只能以自我创新促进自身发展[151]。

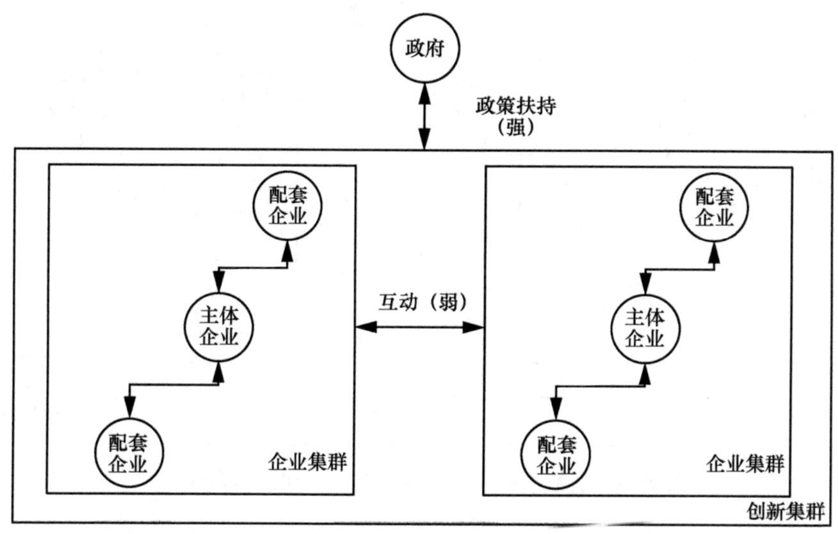


图 7-2　创新集群初创阶段主体间的功能耦合情况

因此，在创新集群的初创阶段，企业争取和大学、科研机构取得合作就显得十分重要，不过这样的合作一般范围有限，只有少部分实力较强的企业能办到，这为以后集群和大学、科研机构的广泛合作创造了条件。

由于初创阶段集群自身的力量较小，各主体之间的联系都不紧密，整体创新能力不足，需要外部力量的支持对集群进入下一个阶段有决定性的作用。即在该阶段政府需要充分发挥政策导向、资金扶持、战略规划的作用，帮助集群分配到更多的资源，吸引更多的企业加入集群。

#### 7.1.3.2　创新集群成长阶段主体间的功能耦合

结合对高新技术产业创新集群主体功能定位与创新集群阶段功能需要的分析，可以得到创新集群成长阶段主体间的功能耦合情况（图 7-3）。

从图 7-3 可以看出，进入成长阶段后伴随着企业数量的快速增加，中介服务机构有了生长的土壤，开始大量出现并发挥作用。中介服务机构是各个主体间的润滑剂，为企业提供各种服务的同时，加深集群内各主体之间的联系。

企业之间的创新、合作一直是集群发展的关键，在成长阶段，企业经过一定时间的相处了解程度增加，同时在中介服务机构的帮助下，企业能容易地了解彼此需求，且大大降低合作风险。

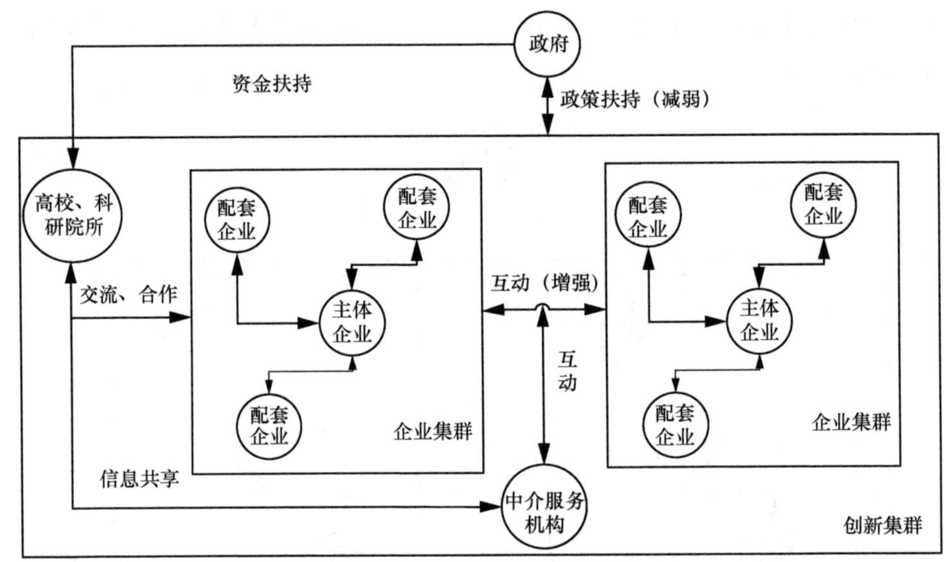


**图 7-3　创新集群成长阶段主体间的功能耦合情况**

集群网络初步形成，企业之间存在横向和纵向的合作，彼此之间发展业务，销售各自的产品，由于企业获得信息的渠道不尽相同，企业之间还能互相分享行业的最新信息，这在如今的信息时代具有重大意义。同时，相似企业之间还存在人才的交流，人员的流动会帮助企业之间进行技术的交流，提升自身创新能力。

在创新集群的成长阶段，集群创新能力提高，集群效益明显增加，外部企业会主动加入集群，此时政府会适当减少对集群的政策扶持，开始更多地关注集群的基础设施建设、区域治安提升等公共服务；集群内更多的企业与大学、科研机构建立合作关系，许多研究成果能快速投入研发与试制过程并转化为产品；高校与科研机构为企业提供了大量的科研与管理人才。

#### 7.1.3.3　创新集群成熟阶段主体间的功能耦合

结合对高新技术产业创新集群主体功能定位与创新集群阶段功能需要的分析，可以得到创新集群成熟阶段主体间的功能耦合情况（图 7-4）。

从图 7-4 可以看出，创新集群进入成熟阶段后，集群的规模达到相对稳定的状态，各主体之间形成了丰富且较为稳定的网络。企业之间彼此建立了正式和非正式的合作关系，这种合作相对稳定，集群网络中节点距离变小，核心节点的交流频繁，网络结构合理，能够实现创新资源的高效合理的流动与配置，降低了创新的不确定性和创新的风险，创新的整体环境良好。

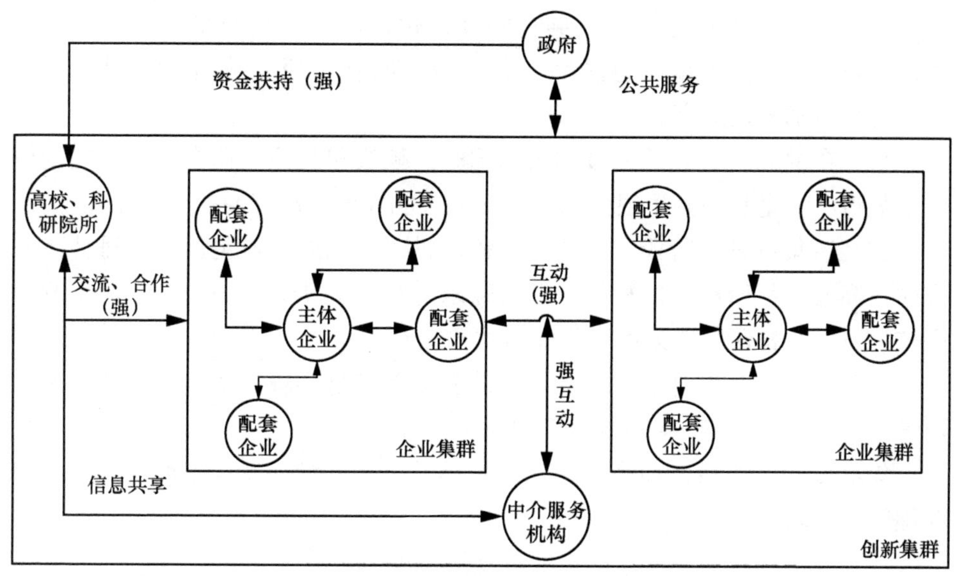


图 7-4　创新集群成熟阶段主体间的功能耦合情况

在稳定的创新集群网络环境中，企业与中介服务机构之间有频繁的接触和交流，可以迅速地了解所研究领域的前沿技术与方向；中介服务机构可以帮助企业寻找企业合作伙伴、高校与科研院所的研发伙伴。企业通过与其他创新主体间的合作，可以吸收先进的技术知识，为自身的发展提供参考方向，研究方向的针对性更强，转化效率更高，企业的创新能力和效益进一步提高。

在该阶段，政府的重点是为创新集群提供良好的公共基础设施及宽松的政策环境；中介机构以提供科技服务信息为主；高校与科研院所以基础研究为重点，并与企业进行协同创新。

#### 7.1.3.4　创新集群升级阶段主体间的功能耦合

在成熟阶段维持一段时间后，集群内的创新网络结构僵化，企业模式趋同，无法适应复杂多变的市场环境，集群必须进行升级才能继续生存下去，集群进入升级阶段。

在创新集群升级阶段，各主体的数量都不会发生太大的变化，依然保持在一个相对稳定的水准。

模式僵化、创新能力低下的企业将很难在集群内生存下去，开始被一些新进入的创新能力强的企业替代；在中介服务机构的帮助下，新企业往往能较快地适应这个网络结构。

这个过程反复进行，网络结构持续优化，最终整个网络经过一轮的淘汰，只保留了那些创新能力强的企业、高校和科研院所，整个集群的创新能力、生命力都随之提高。

企业在提高自身熟悉领域创新的同时，积极和其他企业合作创新，创新成果数量、质量都得到了很大的提升，很可能成为引领行业的领头企业。

在创新集群升级阶段，企业与高校、科研机构的合作更加有针对性，一方面，高校、科研机构能根据企业的需求进行相关研究；另一方面，企业对高校、科研机构研究成果的转化能力大幅提升。

政府在创新集群升级阶段主要是确保创新集群环境的稳定，继续维持高质量的公共服务，减少对企业的干预。

集群成功升级后，经济效益进一步提升，高质量创新成果涌现，成为带动地区经济增长的引擎。

## 7.2　高新技术产业创新集群建设的动力机制分析

系统动力学研究分析问题的对象主要有社会系统与经济系统，也就是把社会、经济系统作为非线性、多重信息反馈系统来研究，将社会、经济和管理问题模型化，对社会、经济、管理现象进行预测，对社会、经济、管理系统结构和行为进行分析，为组织、地区、国家等制定发展战略，进行决策，提供有用信息。

本部分中所研究的高新技术产业创新集群属于科技系统，而科技系统是经济管理系统的一个子系统，属于系统动力学可以研究的对象之列。所以这里运用系统动力学的方法对高新技术产业创新集群建设的动力机制进行研究。

运用系统动力学方法研究高新技术产业创新集群的建设机制，可以从高新技术产业创新集群的影响因素和影响因素之间的相互关系出发，提炼高新技术产业创新集群建设机制中的水平变量、辅助变量和常量等，绘制高新技术产业创新集群内影响要素之间的因果关系图，从而阐述高新技术产业创新集群建设的策略。

### 7.2.1　高新技术产业创新集群建设的系统动力学模型变量及系统边界

#### 7.2.1.1　模型的变量

高新技术产业创新集群的形成是一个动态的、复杂的、非线性的经济发展过程，在系统动力学的可研究范围之内。所以，要深入地分析高新技术产业创新集群形成机制，除了要建立模型，并对模型进行分析之外，首先需要确定的就是在高新技术产业创新集群形成过程中的各个重要的影响因素及变量。

影响高新技术产业创新集群形成的因素很多，主要包括：政府的政策支持、R&D 资金投入量、集群的创新能力、集群内的创新环境、创新活动、科研成果数量、创新收益、创新集群的吸引力和创新人才总数等；除此之外还有知识共享程度、知识产权保护力度、科研成果转化率、企业创新能力和市场竞争等也是高新技术产业创新集群形成过程中的影响因素。这些影响因素也都是建立系统动力学模型过程中的重要变量[152]。

#### 7.2.1.2　系统边界

要建立高新技术产业创新集群形成机制的系统动力学模型，就要首先确定模型的系统边界。本文的建模和分析是基于某一地区的高新技术产业创新集群内部的，对于创新集群外部的任何影响因素本文是不作考虑的。所以系统边界作为模型成立的必要条件主要有以下内容：①不考虑自然灾害、战争等不可抗力因素对高新技术产业创新集群形成机制的影响；②在观察期内，高新技术产业创新集群内的能力的表征要素的数量是单调递增的；③高新技术产业创新集群的形成机制是一个复杂的、连续的过程，是各个影响因素和变量相互作用的反馈模型；④在高新技术产业创新集群形成机制的研究中，各个影响因素仅仅是限定在一定的地域范围内的。

### 7.2.2　高新技术产业创新集群建设的动力机制

#### 7.2.2.1　高新技术产业创新集群形成的因果关系图

根据高新技术产业创新集群形成过程中主要影响因素的作用建立高新技术产业创新集群建设的一般的因果关系图。然后根据一般因果关系图、高新技术产业创新集群的特征，总结出高新技术产业创新集群建设的动力机制。

复杂系统中各组成部分之间的关系可以用因果关系图来解释和描述，各个主要组成部分之间因果关系的研究是系统动力学研究的基础。系统动力学中用箭头把两个有因果联系的组成部分连接起来表示一个因果关系，箭尾的变量表示原因，箭头的变量表示结果。在箭头旁用“＋”表示正因果关系，这表示一个变量的增加会引起相关联的另一个变量的增加；负因果关系的表示方法则相反，在箭头旁用“－”号表示。

其实因果关系实际上只是一些数学关系，这些因果关系可以用在模型中建立的数学方程来描述，我们可以把用箭头连接的两个影响因素之间的因果关系看作数学变量之间的作用关系。在实际的高新技术产业创新集群形成的系统中，表示因果关系的数学方程十分的复杂。但是两个变量之间的关系总地来说只有促进关系和抑制关系，即“同向”或者“反向”关系。假如一个变量的增加会促使另一个相关变量的增加则称之为“正反馈”。反之，如果一个变量的增加会抑制或阻碍另一个相关变量的增加甚至促使其相关变量的减小则称之为“负反馈”。

就高新技术产业创新集群的形成而言，资金、人才和创新活动这 3 种动力要素的因果关系及循环反馈机制对创新收益、创新能力和创新集群的吸引力的形成和增长起着决定性的作用。所以，我们将高新技术产业创新集群形成机制的因果反馈结构图分解为资金、人才和创新活动的因果关系图，并分别对其反馈路径进行描述和分析，以更加清晰地反映高新技术产业创新集群形成机制的动态行为特征。

#### 7.2.2.2 高新技术产业创新集群资金的循环反馈机制分析

资金循环是指高新技术产业集群内的各个创新主体，以及高新技术产业集群内的创新主体与高新技术产业集群外部之间的资金往来。资金本身并不是最重要的创新资源，但是重要的是资金是一切创新资源运作的基础，重要的是随着资金的流动而带动的集群内部的知识、物质资源、人力资源的转移致使创新能力的提升、创新利益的增加和集群吸引力的增强。所以，资金在高新技术产业创新集群的整个形成过程中起着润滑剂的作用。

从资金循环的因果关系图可以看出来，R&D 资金投入量直接影响着高新技术产业集群的创新能力，进而间接地影响高新技术产业创新集群的创新收益和创新集群的吸引力。较多的资金可以提升高新技术产业集群的创新能力，增加创新收益，增强高新技术产业集群的吸引力，进而促进高新技术产业创新集群的形成。资金的因果关系如图 7-5 所示。

由图 7-5 可以看出，高新技术产业创新集群建设的资金因果关系包含以下的反馈回路。

回路 1：创新收益→创新集群吸引力→风险投资机构数量→风险投资→企业融资→R&D 资金投入量→集群创新能力→创新收益。

回路 2：创新收益→GDP→金融机构贷款→企业融资→R&D 资金投入量→集群创新能力→创新收益。

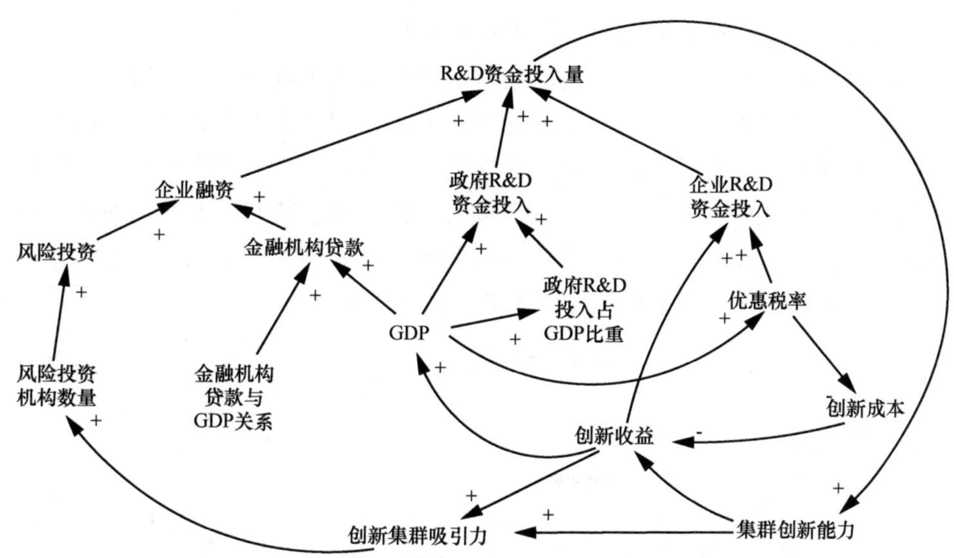


图 7-5　高新技术产业创新集群建设的资金因果关系

回路 3：创新收益→GDP→政府R&D投入占GDP比例→政府R&D资金投入→R&D资金投入量→集群创新能力→创新收益。

回路 4：创新收益→GDP→优惠税率→企业R&D资金投入→R&D资金投入量→集群创新能力→创新收益。

回路 5：创新收益→GDP→优惠税率→创新成本→创新收益。

回路 1、2、3、4 这 4 个正反馈回路的作用机制基本是类似的，都是由于高新技术产业创新集群的创新收益增加引起企业外部的风险投资量增加、金融机构贷款增加、政府R&D资金投入增加、企业R&D资金投入增加，进而使高新技术产业创新集群内总的R&D资金投入量增加，高新技术产业创新集群的创新能力增强，高新技术产业集群的创新收益再次增加的反馈回路。

而回路 5 也是一个简单的正反馈回路，创新收益的增加引起本地区的GDP增加，进而由于本地区的GDP增加政府的各项政策更加优惠即给高新技术产业创新集群内的优惠税率提高，企业的创新成本降低，高新技术产业创新集群创新成本的降低再次增加高新技术产业创新集群内部的创新收益。

#### 7.2.2.3　高新技术产业创新集群人才的循环反馈机制分析

高新技术产业创新集群内一切创新活动的主体都是内部的科研人才。高新技术产业集群所在地区的学校培育出的科技人才或者创新人才，其创新能力足以应对高新技术产业集群内企业或高校、科研机构所用的需求，所以这是高新技术产业创新集群内创新人才的主要来源。

不过还有一部分科研人才是高新技术产业创新集群形成一定的规模之后由于集群的吸引力从外部吸收进来的创新人才，相对应地也会有一定的人才流失。创新的起点和终点通常都是在学校或科研机构，因为学校和科研机构是创新人才的集中地，也是科研创新成果的生产地。特别是专业创新人才的技术水平和创新能力是高新技术产业创新集群进行创新的重要动力基础。高新技术产业创新集群建设的人才因果关系如图 7-6 所示。

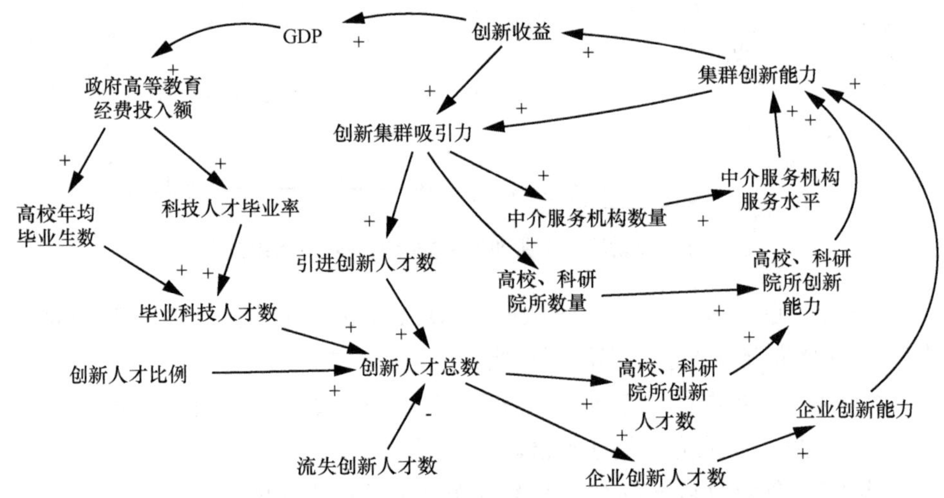


图 7-6　高新技术产业创新集群建设的人才因果关系

由图 7-6 可以得到高新技术产业创新集群建设的人才因果关系包含如下的反馈回路。

回路 1：创新收益→GDP→政府高等教育经费投入额→高校年均毕业生数、科技人才毕业率→毕业科技人才数→创新人才总数→企业创新人才数→企业创新能力→集群创新能力→创新收益。

回路 2：创新收益→创新集群吸引力→引进创新人才数→创新人才总数→高校、科研院所创新人才数→高校、科研院所创新能力→集群创新能力→创新收益。

回路 3：创新收益→创新集群吸引力→中介服务机构数量→中介服务机构服务水平→集群创新能力→创新收益。

回路 1、2、3 这 3 个反馈回路全部是正反馈回路。回路 1 中由于高新技术产业创新集群内的创新收益的增加致使本地区的GDP总额的增加，GDP数额的增加使政府的资金比较宽裕，从而就会增加对高等教育经费的投入，加大教育投入和提升教育质量之后高校毕业生数增加并且毕业生中的创新人才数增加，招聘进入企业的创新人才随之增加即企业的创新资源增加，所以企业的创新能力增强，作为高新技术产业创新集群主体之一的企业的创新能力增强会促使高新技术产业创新集群的创新能力增强，最终高新技术产业创新集群的创新收益增加。

回路 2 的作用机制和回路 1 是类似的。高新技术产业创新集群的收益增加逐步地促使高校、科研院所的创新能力增强，在科研院所创新能力增强的同时就会增强高新技术产业创新集群的集体创新能力，提高高新技术产业创新集群的创新收益。

回路 3 中表明高新技术产业创新集群的吸引力增强，集群内部的中介服务机构的数量增加，集群内的中介服务机构的综合服务水平提升并且在企业、高校与科研院所等创新主体进行创新研究时可以更好地提供技术支持和共享服务，促使高新技术产业创新集群的整体创新能力增强，最终高新技术产业创新集群的创新收益增加。

以上 3 个回路说明，高新技术产业创新集群收益增加的源泉就是高新技术产业创新集群内的科研人才不断进行研究与创新活动。

#### 7.2.2.4　高新技术产业创新集群建设中创新活动的循环反馈机制分析

创新活动其实不是高新技术产业创新集群形成过程中的影响因素，但是却是高新技术产业创新集群形成过程中的主要推动力量。在高新技术产业集群创新的过程中承载着知识、人才、资金等的传递与流动，并且这一过程的目的就是实现创新活动，促进形成高新技术产业创新集群。

因此，创新活动的因果关系在高新技术产业创新集群的建设机制中是很重要的一部分。其因果关系如图 7–7 所示。

由图 7–7 可以得到高新技术产业创新集群建设过程中的创新活动因果关系包含以下的反馈回路。

回路 1：创新收益→GDP→优惠税率→企业 R&D 资金投入→企业创新动力→企业创新能力→集群创新能力→科研成果数量→新产品数量→创新产品销售收入→创新收益。

回路 2：创新收益→创新集群吸引力→R&D 资金投入量→企业创新能力→集群创新能力→科研成果数量→新产品数量→创新产品销售收入→创新收益。

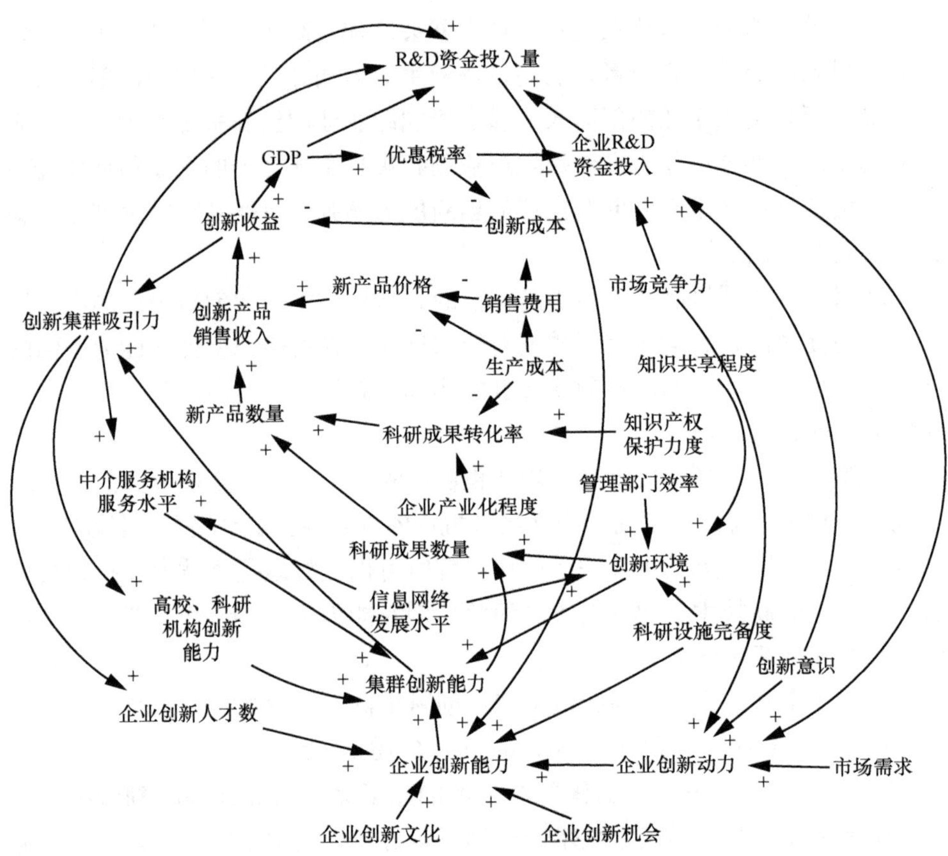


**图 7-7 高新技术产业创新集群建设过程中的创新活动因果关系**

对循环反馈路径 1 进行分析，高新技术产业创新集群内的创新收益的增加致使本地区的GDP总额增加，GDP数额增加后政府的资金比较宽裕就会加大对高新技术产业创新集群内企业的优惠政策，即提高企业的优惠税率。在此宽松的政策环境之下企业的R&D资金投入量就会增加，研发资金的增加就会增强企业的创新动力，进而在一定程度上提升企业的创新能力。在整体局势影响下高新技术产业创新集群的整体创新能力就会提高，创新能力提高的具体化表现就是高新技术产业创新集群内科研成果数量的增加，伴随着科研成果转化率的增长，新产品的数量也会逐渐增加，创新产品的销售收入就会稳步增长，至此就会为高新技术产业创新集群创下更多的创新收益，形成一个完整的循环反馈路径。

回路 2 的因果关系作用原理其实和回路 1 基本类似，即在高新技术产业创新集群的创新收益增加的基础上，R&D 资金投入量、科研成果数量、创新产品数量就会陆续增加，最终创新产品的销售收入累积为高额的创新收益。

#### 7.2.2.5　高新技术产业创新集群建设的因果关系分析

资金、人才和创新活动是高新技术产业创新集群形成过程中必不可少的三要素，也是研究高新技术产业创新集群建设的 3 个重要模块，只有在大量资金的支持下科研人才不断地进行创新活动才可能形成创新集群。

前面已经分别对资金、人才和创新活动这 3 个子块的因果关系图进行了详细的分析，并在各个模块因果关系图的基础上对其中的反馈回路进行了仔细的描述。综上，将资金子块的因果关系图、人才子块的因果关系图和创新活动子块的因果关系图根据其间的相互联系和因果关系重新组合成了一个完整的高新技术产业创新集群建设动力机制的因果关系图（图 7–8）。

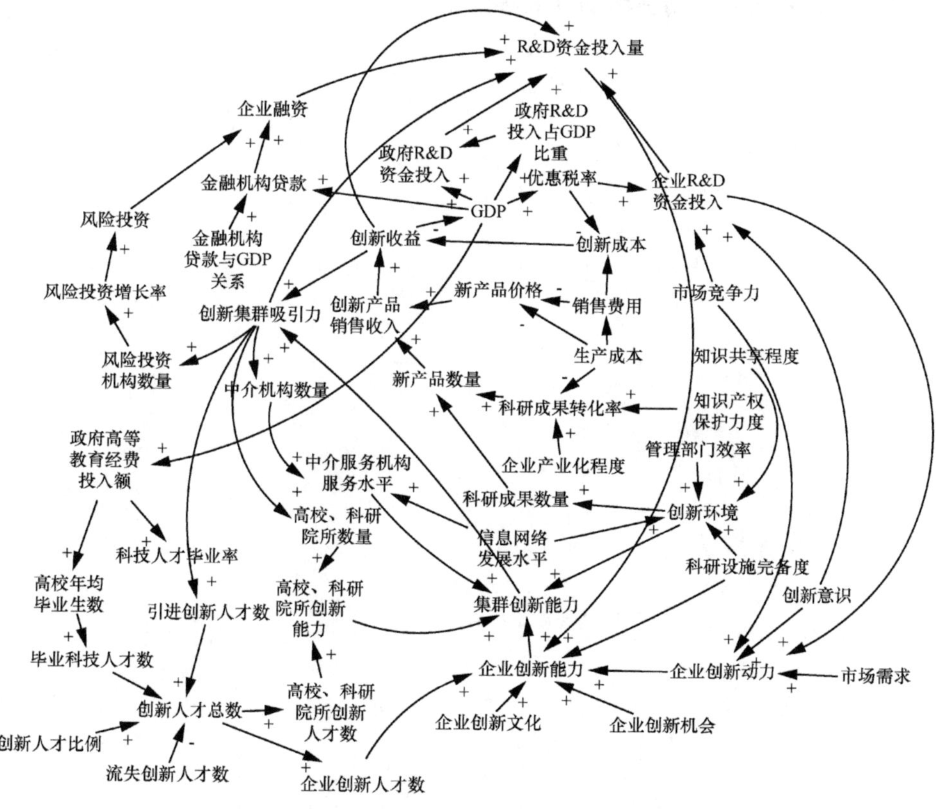


**图 7–8　高新技术产业创新集群建设动力机制的因果关系**

高新技术产业创新集群建设动力机制的因果关系以高新技术产业创新集

群的创新能力、高新技术产业创新集群的创新收益和高新技术产业创新集群的吸引力之间相互推动的正比例关系作为高新技术产业创新集群建设的表征。

此因果关系图可以清晰地解释高新技术产业创新集群内部各个因素变量之间的关系及在其相互影响、相互作用下形成了高新技术产业创新集群。在这个因果关系图中企业、高校与科研院所、政府和中介服务机构是高新技术产业创新集群的主体；R&D资金投入量、科研成果数量、创新收益、集群创新能力、创新集群吸引力和创新人才总数等是高新技术产业创新集群建设过程中的主要影响因素；除此之外还有创新环境、创新文化、科研成果转化率、市场竞争力等也是高新技术产业创新集群形成过程中的影响因素。

通过以上分析，可以得到高新技术产业创新集群建设需要从提高创新能力、增加创新收益、提升吸引力 3 个方面制定相关的建设策略，具体涉及资金筹集、人才培养及创新活动开展等因素。

# 第8章 山西省高新技术产业创新集群发展特征、现状及效率评价

山西省高新技术产业集群主要集中在煤焦化、冶金、医药、食品加工、装备制造等领域。截至2015年年底，山西省高新技术产业集群有80余个（表8-1），涉及企业约4000家，从业人员达100万人。

表8-1 2015年山西省高新技术产业集群名称及所属行业

| 产业集群名称 | 所属行业 | 产业集群名称 | 所属行业 |
|---|---|---|---|
| 太原经济开发区装备制造（能源交通）产业集群 | 机械制造 | 高平三甲装备制造产业集群 | 铸造 |
| 太原软件及电子信息产业集群 | 软件 | 礼义铸造产业集群 | 铸造 |
| 清徐食醋产业集群 | 食品加工业 | 晋城市高平煤电化产业集群 | 煤化工 |
| 清徐暖气片产业集群 | 机械制造 | 阳城陶瓷产业集群 | 陶瓷 |
| 太原不锈钢产业集群 | 不锈钢 | 泽州南村铸造产业集群 | 铸造 |
| 大同市周士庄机械装备制造产业集群 | 机械制造 | 朔州固废综合利用产业集群 | 资源再利用 |
| 塔山煤电建化产业集群 | 煤电化 | 山阴乳制品产业集群 | 食品加工 |
| 大同活性炭产业集群 | 新材料 | 忻州铁精矿产业集群 | 铁精粉 |
| 大同医药产业集群 | 医药 | 定襄法兰产业集群 | 锻造 |
| 阳泉陶粒砂产业集群 | 陶粒砂 | 原平煤机制造产业集群 | 机械制造 |
| 阳泉郊区耐火材料产业集群 | 新材料 | 榆次新能源汽车产业集群 | 新能源汽车 |
| 盂县耐火材料产业集群 | 新材料 | 祁县特色食品产业集群 | 食品加工 |
| 阳泉矿区机械制造产业集群 | 机械制造 | 襄汾铸造产业集群 | 铸造 |
| 长治市襄垣富阳循环经济产业集群 | 煤化工 | 平遥铸造产业集群 | 铸造 |
| 太岳煤焦产业集群 | 焦化 | 榆次液压产业集群 | 液压件 |

续表

| 产业集群名称 | 所属行业 | 产业集群名称 | 所属行业 |
|---|---|---|---|
| 沁县有机食品加工工业园区产业集群 | 食品加工 | 太谷玛钢产业集群 | 玛钢件 |
| 壶关常平工业园区产业集群 | 保温材料 | 太谷食品加工产业集群 | 食品加工 |
| 长治市现代新能源材料产业集群 | 光伏材料 | 榆次纺机产业集群 | 纺机 |
| 黎城西新材料产业集群 | 新材料 | 洪洞县秦壁新材料产业集群 | 材料 |
| 长治县科工贸产业集群 | 微型汽车 | 洪洞县辛村新型建材产业集群 | 建材 |
| 潞城市现代煤化工产业集群 | 煤化工 | 古县涧河煤焦产业集群 | 焦化 |
| 长治城南机械建材工业园区产业集群 | LED、航天 | 汾河煤电化产业集群 | 煤化工 |
| 屯留康庄园区医药产业集群 | 医药 | 乡宁光华煤焦化深加工产业集群 | 煤炭、化工 |
| 运城医药产业集群 | 医药 | 古县华宝煤焦产业集群 | 焦化 |
| 运城农副产品加工产业集群 | 农产品加工 | 侯马市生物医药产业集群 | 医药 |
| 运城汽车配件产业集群 | 重卡及配件 | 河东冶金焦化产业集群 | 焦化 |
| 绛县炭黑产业集群 | 炭材料 | 安泽唐城煤焦化深加工产业集群 | 焦化 |
| 永济铝材加工产业集群 | 铝产业链 | 洪洞煤焦化深加工产业集群 | 焦化 |
| 新绛轻纺产业集群 | 纺织材料 | 曲沃县冶金产业集群 | 钢铁 |
| 闻喜金属镁产业集群 | 镁产业链 | 翼城县特钢产业集群 | 钢铁 |
| 甘亭装备产业集群 | 机械制造 | 侯马市冶金铸造产业集群 | 钢铁 |
| 翼城县铸造工业园区产业集群 | 铸造 | 翼城县锻造产业集群 | 锻造 |
| 侯马装备制造产业集群 | 液压设备 | 曲沃县装备制造产业集群 | 铸造 |

经过多年的发展，山西省高新技术产业集群已逐步发展壮大，一些地区高新技术产业集群销售收入已达到本地企业销售收入一半以上，产业集群对区域经济的支撑作用日益明显。

## 8.1 山西省高新技术产业创新集群发展特征分析

近年来，山西省高新技术产业呈现规模总量迅速攀升、对区域经济贡献率逐步提高的良好态势。2014 年全省战略性新兴产业总产值达到 2600 亿元以上，产业增加值达到 700 亿元以上，占 GDP 比重接近 6%。全省涌现出一批核心竞争力较强的战略性新兴产业龙头骨干企业，截至 2015 年，全省高新技术企业总数达到 720 家，民营科技企业总数超过 800 家，省级创新型试点企业达到 138 家，其中太原重工进入全国风电机组制造企业 15 强，装机容量占到全国市场份额的 1.82%；山西晋能艾斯特生产的空冷设备制造规模达到全国第 5 位；智奇铁路设备公司形成 5 万对年总装和检修能力，国内动车组产品市场占有率在 80% 左右。

全省初步形成了一批具有区域特色、核心竞争力强的高新技术产业集群或产业基地。例如，镁合金产业形成了太原、运城、大同三大产业基地；钕铁硼永磁材料产业形成了太原、运城、阳泉、长治四大产业集群；光伏产业形成了长治、大同等产业基地；医药产业形成了大同、太原、晋中、运城、晋东南、侯马等以医药工业园为核心的产业集群；LED 产业形成了晋东南产业基地；铁路装备产业形成了太原、大同、永济三大制造基地；液压元器件产业形成了以榆液集团为核心的全国最大的液压产业集群；煤机制造产业形成了以太重煤机为主的太原产业集群，尤其是太原不锈钢产业集群和榆次液压产业集群被认定为国家创新型产业集群试点，实现了零的突破。作为高新技术企业和先进制造业的主要聚集地，截至 2015 年，省级以上高新区、经济区达到 28 家，其中国家级 6 家。特别是太原高新区 2015 年科工贸总收入达到 1700 亿元，各类孵化器和科技园区 24 个，入区企业达到 5000 余家，初步形成了以电子信息、光电、生物医药、新材料、节能环保为特色的高新技术产业发展格局，有力推动了高新技术产业的集群发展。

### 8.1.1　产业特色较为明显

经过多年发展，一些产业特色鲜明、比较优势突出的产业集群应运而生，区域经济特色化、特色产业集聚化日趋明显。太原高新区软件及电子信息产业集群形成了面向煤炭、信息化、装备制造、环保节能四大领域的专业化集群；阳城县陶瓷产业集群发展基地重点依托安阳、演礼和町店 3 个集群发展基地，主攻中高档内、外墙砖和地板砖及日用艺术陶瓷不同产品方向；定襄法兰产业集群拥有法兰盘、支撑环、煤机配件、齿轮及非标锻件等九大系列近千个品种，位居全国产业集群 50 强。祁县泵业产业集群是全省乃至华北地区的重要水泵生产地之一，污水泵产销量在北方地区占据主导地位，在华北地区占有率为 70%。太谷玛钢铸造产业集群玛钢管件产量占全国市场 1/3，电力金具占全国市场的4/5。榆次区纺织机械专业化、精细化分工已初步形成，集中度和聚集程度在国内遥遥领先，一跃成为纺机产业业界“航母”。

### 8.1.2 品牌优势逐步树立

伴随产业集群和品牌建设良性互动，产业集群整体实力和竞争力大幅提升。太原不锈钢产业集群拥有“太钢”“海酷”“双丰”等省级及以上知名品牌 70 项；榆次液压和纺机产业集群中塞纳瑞、方盛、经纬、沪晋、贝斯特已经成为山西省著名商标和名牌产品。平遥推光漆器产业集群龙头企业永隆漆艺先后被认定为山西省著名商标和中国驰名商标。万荣减水剂产业集群 50 多家企业中已有“黄腾”“赞凯”两个全国驰名商标，“飞云”“宇超”“宜永”3 个全省著名商标。汾文白酒产业集群园区积极保护“汾酒”“竹叶青”“杏花村”“汾阳王”等中国驰名商标品牌，努力实现品牌带动，资源共享，优势互补。

### 8.1.3 主导优势企业持续成长

近年来，一些优秀企业在激烈的市场竞争中脱颖而出、不断壮大，成为辐射中小企业、引领集群发展的“领头羊”。罗克佳华利用物联网领域的特色优势一举成为太原高新区软件及电子信息产业集群的旗标式企业；水塔醋业依托全系列的产品体系，占据了清徐县食醋产业集群的“半壁江山”；盂县西小坪耐火材料有限公司，是亚洲最大的硅质耐火材料生产企业，国家耐标委委员单位、第四批全国知识产权试点企业。屯留农副产品产业集群的龙头企业长治市胖妞食品有限公司为山西省投资规模最大的豆制品制造企业，生产规模在山西省同行中排名第一。榆次液压集群高行液压被评为中国中小企业创新 100 强，液压振动锤获得“中国中小企业创新奖”等荣誉。

### 8.1.4 产业结构呈现逐步升级趋势

随着市场竞争和地区比较优势的变化，结构升级已成为中小企业产业集群发展的必然趋势。大同活性炭依托巨大的煤源优势，现已发展为占全国产能 1/3 的国内最大活性炭生产基地；朔州市 2010 年规划了以粉煤灰加工为主的固废工业园区，是工业和信息化部确立的首批全国 12 个固废综合利用示范基地之一，带动当地 100 多家相关企业从事粉煤灰加工和服务；山阴乳制品产业集群依托古城乳业和山西雅士利乳品，带动奶牛养殖园区 100 多个，规模养殖户 1000 多户，成为山阴县域经济发展中的重要产业之一。绛县炭黑产业集群已具备较为完整的产业链、产业配套和产业集聚优势，其主导产品炭黑年产量占全国 1/7，以炭黑为主的煤化工工业成为绛县的支柱产业。

### 8.1.5　产业链延伸初见成效

全省上下横向抓规模，培育产业集群，纵向抓龙头，延伸产业链条，全力推进产业提档升级。平遥铸造产业依托“煤—焦—铁—电—铸造—部件—整机”的产业循环链条，主导产品电机壳产量占到全县铸造总产量的 70%，国内市场占有率 60%，建成了国内最大的电机产品生产基地。长治城南机械制造产业集群具有完备的铸造、机械加工、金属处理、塑料成型及电子产品加工装配的技术和能力，形成一个装备制造专业化分工和满足多维性需求的产业链结构。汾文白酒产业集群依托杏花村汾酒迅速发展，成为集白酒生产、白酒储藏、酒类营销、酒文化传播、酒业旅游、饲料加工、酒糟开发、基地种植为一体的循环产业园区。稷山县纸包装产业集群已经形成了原料生产、印刷、包装、销售一条龙的发展格局。

### 8.1.6　创新能力不断提升

依托各类专业市场、现代物流、行业协会、信息咨询、人才培训、公共技术平台等建立，集群工艺流程优化和重大技术突破取得新进展。太原不锈钢产业集群建有国内冶金行业唯一的国家级工程技术中心与先进不锈钢材料重点实验室、不锈钢产品检测中心，行业资质的产品检测、认证平台 6 个，组织参与制定了国家、行业与地方标准 60 余项，授权专利 2200 余件。榆次液压产业集群共取得国家专利 150 多项，50 多种产品或技术分别获国家、部、省科技进步奖和优质产品奖。闻喜金属镁行业作为全国最大的金属镁及镁合金生产基地，龙头企业银光集团建立了全国金属镁行业唯一的国家级企业技术中心和世界第一条连铸连轧板材生产线，拥有发明专利 9 项、实用新型专利 8 项、核心技术 22 项，产品技术水平国际领先。

## 8.2　山西省高新技术产业创新集群发展现状评价

20 世纪 80 年代中期以后，我国政府先后发布 863 计划、火炬计划，并大力推动高新技术产业开发区建设，尽力缩小与发达国家高技术产业发展的差距。与此同时，学术界也对高技术产业的研究产生了极大的兴趣，以“高新技术产业”为主题在CNKI中进行检索，可以得到核心期刊的文献数量高达 23 270 篇；而以“资源型地区高新技术产业创新集群”为主题进行检索，仅可以得到核心期刊文献 93 篇。分析这些文献的研究内容，可以发现仅有 10 篇左右是真正以资源型地区高技术产业为研究对象的。

刘川[153]将资源型地区作为其研究对象的子集，综合探讨省域高技术产业升级能力，提出资源投入水平影响高技术产业的升级能力，而产业结构与资源利用效率又与高技术产业的升级效率密切相关。刘川、宋晓明[154]同样将中部的资源型地区列入其研究对象之中，结合东部的省份，从价值链的视角对产业升级能力进行评价，提出了高技术产业升级能力的路径。李刚[155]分析我国 31 个省（区、市）的高技术产业发展与集聚水平，资源型地区也是其研究对象之一，提出促进资源向企业、产业的园区集聚有利于高技术产业的发展。屠文娟、王雅敏[156]以包括资源型省份在内的 28 个省（区、市）的高技术产业为研究对象，提出创新资源投入、创新转化能力对高技术产业高端化发展有显著的相关关系。李翔、倪登峰[157]将中西部的资源型省份作为其研究对象，探讨区域高技术产业创新效率，从资源配置、产学研协作的角度提升高技术产业创新效率。江可申、邹卉[158]以 30 个省（区、市）的高技术产业为研究对象，探讨东、中、西部高技术产业创新效率的差异。高晓光[159]研究我国 30 个省（区、市）高技术产业创新效率的时间演变特征，发现技术效率呈波动上升趋势。李海东、马威[160]研究我国各省（区、市）高技术产业技术创新效率，认为人力资源对技术创新效率有重要的影响。邹艳等[161]以西部地区高技术产业为研究对象，综合分析了西部地区高技术产业的“质”与“量”，提出要依靠持续的高强度的资源投入促进高技术产业发展。王中亚[162]以中部的高技术产业为研究对象，从投入、产业与环境 3 个方面对其发展水平进行评价，得到资源型省份山西省的高技术产业发展水平最低。

可以发现这些文献均将资源型地区作为其研究对象的子集，综合分析我国或地区高技术产业的发展水平或创新绩效，而没有将资源型地区高新技术产业创新集群作为单独的研究对象，分析其高新技术产业创新集群发展状况及影响因素。

### 8.2.1 评价方法与数据获取

分析山西省高新技术产业创新集群发展特征，需要首先确定采用什么样的研究方法，然后需要明确利用哪些数据进行分析。

#### 8.2.1.1　反映高新技术产业创新集群发展特征的指标体系

分析高技术产业发展特征需要参照国际组织的相关评价指标及国家确定的产业创新指标、高技术企业的认定标准等内容，并结合高技术产业发展特点进行确定。

根据《国家高新技术产业开发区“十三五”发展规划》所要求的高新技术产业的发展目标与《高新技术企业认定管理办法》[163]所要求高技术企业应具备的条件，结合高技术产业高投入、高产出、高附加值、高收益、高成长性的特点，参考OECD[164]与世界银行[165]所统计的各国高技术产业的指标、欧盟创新指数[166]与中国制造业产业创新指数[167]等内容，提出高技术产业发展指标体系，其基本结构为：将反映高技术产业发展的指标分为 3 个层次，第一层次即目标层，反映高技术产业发展的总体情况，通过计算高技术产业发展总指数实现；第二层次即准则层，反映高技术产业的资源投入水平、技术实现水平、价值实现水平、创新效率水平与成长潜力水平等 5 个要素的情况，通过计算高技术产业发展的要素指数实现；第三层次即操作层，反映高技术产业发展的基本条件与成果等，通过在上述的 5 个要素内选取 20 个评价指标实现。

（1）资源投入水平是高技术产业发展的基础。资源投入水平从资金与人员方面多层次考察高技术产业的基础投入情况，强调拥有资源是高技术产业发展的前提和基础，选择了资金、人员及技术创新投入等方面的 7 个指标，即高技术产业R&D人员数量、高技术产业从业人员中R&D人员的比重、高技术产业R&D经费支出、高技术产业R&D经费支出占主营业务收入比重、高技术产业拥有科研机构的数量、高技术产业总投资额、高技术产业从业人员中本科以上学历人员的比重。

（2）技术实现水平体现高技术产业自主创新成果的社会和市场认可程度。自主创新技术实现水平从核心自主知识产权与国家或行业标准等高技术产业自主创新直接结果的角度考察高技术产业技术层面的成果情况，强调自主创新在高技术产业技术创新中的核心地位，选择了每万从业人员拥有核心自主知识产权数与每万从业人员拥有国家或行业标准数 2 个指标。

（3）价值实现水平体现高技术产业技术创新是否有效转化为生产力，推动经济发展。价值实现水平从利润、增加值、劳动生产率等来描述高技术产业的发展和更多价值增值实现，强调高技术产业的高收益、高产出与高附加值的特点，选择了增加值率、劳动生产率、投资利税率、新产品销售收入占主营业务收入的比重与出口交货值占产值的比重 5 个指标。

（4）创新效率水平是推动高技术产业发展的不竭动力。创新效率水平反映创新资源对创新价值实现的贡献程度，包括技术创新资源投入对创新价值实现的影响与创新价值实现对利润的贡献程度，选取了单位 R&D 支出新产品产值、单位 R&D 人员新产品产值、新产品产值利润额比率与出口交货值利润额比率 4 个指标。

（5）成长潜力水平是高技术产业持续发展的支持力。成长潜力水平从高技术产业投入、产出持续增长角度考察高技术产业发展的持续性，考察高技术产业推动经济增长和价值增值的过程，反映高技术产业的高成长性，选取增加值占 GDP 的比重、利润增长率、R&D 人员增长率 3 个指标。

#### 8.2.1.2　综合评价高新技术产业创新集群发展的方法

主成分分析法是通过研究指标体系的内在结构关系，将多个指标问题转换为少数指标问题的一种多元统计分析方法，即把原来多个指标转为一个或几个综合指标，并且这些少量的指标能够包含原来多个指标的绝大部分信息（80% 或 85% 以上）。其目的在于精简统计数据并揭示变量间的关系。其优点在于确定的权数是基于数据分析而得出指标之间的内在结构关系，不受主观因素的影响，有较好的客观性，而且得出的综合指标之间相互独立，减少了信息的交叉。

因此，采用主成分分析法与层次分析法来反映山西省高新技术产业创新集群发展特征。基本思路为：在构建“高新技术产业创新集群发展评价指标体系”的基础上，运用主成分分析法确定各指标的权重，然后通过数理统计方法，分别计算 2008—2015 年山西省高新技术产业创新集群发展总指数，分析山西省高新技术产业创新集群发展变化趋势；通过对比 2015 年全国 31 个省（区、市）的高新技术产业创新集群发展总指数，分析山西省高新技术产业创新集群发展水平；通过对要素指数进行聚类分析，分析山西省高新技术产业创新集群发展的结构特征。

#### 8.2.1.3　数据获取与数据处理

（1）数据获取。采用国家统计局公布的《中国高技术产业统计年鉴—2016》中相关数据，另外从山西省统计局获得了 2015 年相关地区的分析山西省高新技术产业创新集群的发展水平。由于部分评价指标未列入高技术产业统计之中，未能获得所有评价指标的统计数据，本部分所用的评价指标有：R&D

活动人员折合全时当量、R&D人员占从业人员比重、R&D经费内部支出、R&D经费占主营业务收入比重、拥有科研机构数、总投资额、每万人拥有发明专利数、劳动生产率、投资利润率、新产品销售收入占主营业务收入比重、出口交货值占产值比重、单位R&D经费新产品产值、单位R&D人员新产品产值、新产品产值利润率、出口交货值利润率、利润增长率与研发人员增长率。

（2）数据处理。在计算高新技术产业创新集群发展总指数与要素指数时，首先需要将原始数据进行对标可比的标准化处理，通过式（8-1）可以得到单位指标的可比数据，即给出原始数据标准化后的正态分布函数值，同时将变化区间调整为 0 ～ 100，该方法可以恰当描述数据所在的位置，避免极值的影响。

$$y_{ijk}=100\times\Phi(\frac{x_{ijk}-\overline{x}_{ij}}{s_{ij}}),\ \overline{x}_{ij}=\frac{1}{31}\sum_{k=1}^{31}x_{ijk},\ s_{ij}=\sqrt{\frac{1}{31}\sum_{k=1}^{31}(x_{ijk}-\overline{x}_{ij})^2}。\quad(8-1)$$

其中，$i$=1，2，…，5，表示高新技术产业创新集群发展评价要素即准则层数量；$j$=1，…，$n_i$，表示评价准则层下的指标即操作层的指数数量；$k$=1，…，31，表示参与比较的31个省（区、市）；$\Phi(x)$是计算标准正态分布函数的函数值。

其次，将标准化后的全国高技术产业的原始数据运用SPSS软件进行主成分分析，获得主成分因子及各指标的权重$b_{ij}$，表示各指标在综合评价中的贡献程度。

最后，利用（式 8-2），通过两级加权汇总计算高技术产业要素指数$Z_{ik}$和发展总指数$Z_k$。其中：

$$Z_{ik}=\sum_{j=1}^{n}b_{ij}y_{ijk},\ Z_k=\sum_{i=1}^{5}Z_{ik}。\quad(8-2)$$

以下分别从综合发展，影响发展水平的因素如资源投入、技术实现、价值实现、创新效率与成长潜力等方面对山西省高新技术产业创新集群发展现状进行评价。

### 8.2.2　山西省高新技术产业创新集群发展水平落后

通过对相关数据按照 8.2.1 的综合评价方法进行计算、整理，得到 2015 年我国 31 个省（区、市）高新技术产业创新集群发展总指数（图 8-1）。

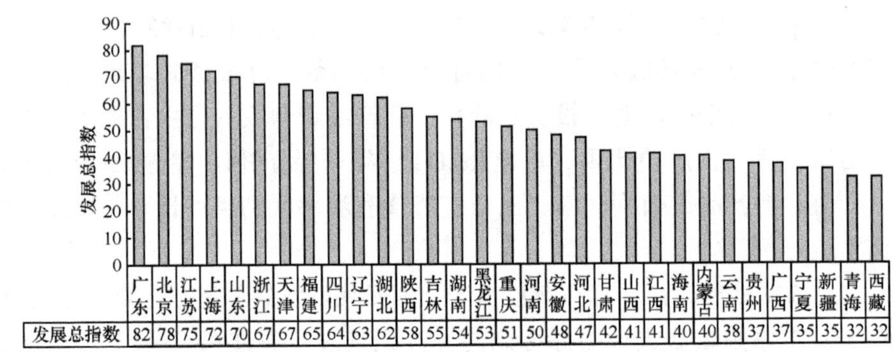


**图 8-1　2015 年我国 31 个省（区、市）高新技术产业创新集群发展总指数**

由图 8-1 可以看出，广东高新技术产业创新集群发展总指数排第一的位次，体现了其高新技术产业发展能力上的持续力，尤其得益于其强劲的技术实现水平与价值实现水平。北京高新技术产业创新集群发展总指数在近 5 年排名居一二的位置，主要受益于其在资源投入与创新效率水平方面的绝对优势和强劲动力。而山西则排在 31 个省（区、市）的倒数第 11 位，处于落后位置。

从区域高新技术产业创新集群发展总指数分布来看，广东、北京、江苏、上海、山东处于明显的优势地位，浙江、天津、福建、四川、辽宁、湖北显示了较强的追赶势头，其他地区发展总指数不足 60。发展总指数在 60 以下的地区高新技术产业创新集群的落差也比较明显，这些地区又形成了 3 个小群体，高新技术产业创新集群发展总指数在 50 以上的省（市）有陕西、吉林、湖南、黑龙江、重庆、河南，40 以上的省（区）有安徽、河北、甘肃、山西、江西、海南、内蒙古，40 以下的地区为云南、贵州、广西、宁夏、新疆、青海、西藏。可以看出，山西省高新技术产业创新集群发展综合水平处于中下等水平，略高于中部地区的江西与西部地区的一些省（区）。

东部地区由于良好的经济基础、雄厚的科研资源、发达的高等教育，高新技术产业创新集群发展总指数处于较高水平，中西部地区除四川和湖北外，多处于落后位置。由于长久以来对资源的过度依赖、高新技术产业起步较晚、技术创新的投入不足、科研机构少、高等教育水平有限等原因，造成了山西省高新技术产业创新集群发展综合水平相对较低。

## 8.2.3　山西省高新技术产业创新集群发展处于成长区

分析高新技术产业创新集群发展的区域结构特征，以判断山西省高新技术产业创新集群发展所属的地区特征。运用 31 个省（区、市）2015 年高新技术产业创新集群发展总指数与 2008—2015 年 31 个省（区、市）高新技术产业创新集群发展总指数年均增长率，绘制波士顿矩阵，进而判断高新技术产业创新集群发展的区域结构特征。

波士顿矩阵将高新技术产业创新集群发展的区域结构特征分为 4 个不同的区域类型（图 8-2）。

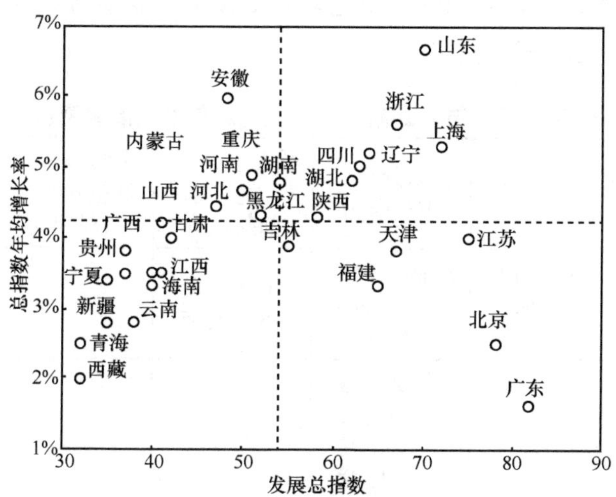


**图 8-2　31 个省（区、市）高新技术产业创新集群发展的区域结构分布**

第一类区域即图 8-2 的左下部分——起步区，这一区域包含了广西、内蒙古、江西、贵州、海南等 11 个省（区），这些省（区）的高新技术产业尚未形成规模化发展，发展速度较慢，处于高新技术产业创新集群发展的起步阶段。

第二类区域即图 8-2 的左上部分——成长区，落在这一区域的省（市）有山西、湖南、黑龙江、重庆、河南、河北、安徽和吉林。这些省（市）的高新技术产业发展水平不断提升，虽然发展规模不大，但是发展速度较快，是发展高新技术产业的新兴力量。

第三类区域即图 8-2 的右上部分——壮大区，该区域的高新技术产业不仅发展水平较高，已形成了创新集群式发展，而且具有强劲的增长势头。这一区域的省（市）主要有江苏、浙江、湖北、辽宁、山东、陕西、上海和四川，这些省（市）的高新技术产业是我国高新技术产业发展的中坚力量。

第四类区域即图 8-2 的右下部分——成熟区，该区域的高新技术产业是我国高新技术产业创新集群发展的龙头区域，高新技术产业创新集群发展水平在各个要素指标上都有显著的优势，但发展速度相对迟缓。例如，广东、北京的高新技术产业已经步入成熟稳定发展阶段，资源投入规模较大，技术实现水平较高，进一步扩张发展的能力有所不足。而天津、福建拥有较多的科研资源，创新效率水平较高，但价值实现水平稍显薄弱，导致高新技术产业创新集群发展速度缓慢。

对31个省（区、市）高新技术产业创新集群发展总指数与5个要素指标进行聚类分析，可以看出这4个区域高新技术产业创新集群发展是由不同的要素驱动的（表8-2）。

表8-2　31个省（区、市）高新技术产业创新集群发展要素聚类分析结果

| 区域 | 技术实现、成长潜力 | 创新效率、成长潜力 | 价值实现、技术实现、创新效率 | 资源投入、价值实现、成长潜力 | 资源投入、价值实现、技术实现 |
|---|---|---|---|---|---|
| 起步区 | 西藏、青海、新疆、海南 | 广西、内蒙古、江西、甘肃 | 宁夏、贵州、云南 | — | — |
| 成长区 | — | 山西、河北、安徽、河南、湖南、黑龙江、吉林 | 重庆 | — | — |
| 壮大区 | — | — | 陕西、湖北、辽宁 | 山东、四川、浙江、上海 | — |
| 成熟区 | — | — | — | 福建、天津 | 江苏、北京、广东 |
| 指数聚类值 | 33.86 | 39.05 | 48.42 | 60.22 | 72.58 |

由此可知，山西属于高新技术产业创新集群发展的成长区，即山西高新技术产业初具规模，但产业发展所需的资源相对匮乏，产品在市场中的认可程度与技术创新水平较低，未来还需要从高新技术产业创新集群发展所需的最根本的人才和科技资源入手，营造良好的高新技术产业创新集群发展环境，培养、吸引高端人才，以促进高新技术产业的进一步发展。

### 8.2.4　资源投入、技术实现与价值实现制约山西省高新技术产业创新集群发展

从全国31个省（区、市）高新技术产业创新集群发展来看，各要素得

分和总指数得分的变动方向一致，从发展水平总指数得分高的地区向低的地区呈带状下降分布。

#### 8.2.4.1 山西省高新技术产业创新集群建设的资源投入明显不足

山西省高新技术产业创新集群建设的资源投入水平与排名第一位的广东有较大的差距，广东高新技术产业资源投入水平接近 90，山西不足 12。山西的资源投入水平要素得分排名处于后 10 位中，分析其资源投入水平要素下的 6 个指标，可以看出不论资源的绝对投入还是相对投入均较低，反映出山西省高新技术产业不仅发展规模小，而且对创新活动的重视程度不够。西部地区的四川、陕西、宁夏与重庆等地的资源投入水平指标得分相对较高，超过了 31 个地区的平均得分。四川与陕西具有相似的资源投入特点：R&D活动人员投入、R&D经费内部支出、R&D人员占从业人员比重及R&D经费占主营业务收入比重这 4 个指标得分均较高，反映出这两个省高新技术产业的创新资源投入，不论从绝对投入还是从相对投入来看，其创新资源投入均较高，这两个省的企业认识到了R&D活动的重要作用；宁夏、重庆、甘肃与贵州这 4 个省（市）的R&D人员占从业人员比重、R&D经费占主营业务收入比重这两个指标得分均较高，而其他的 4 个指标得分相对较低，说明这 4 个省（市）高新技术产业的创新资源绝对投入较少而相对投入较高，高新技术产业创新集群规模较小，但重视创新活动对高新技术产业的重要作用。

#### 8.2.4.2 山西省高新技术产业创新集群的技术实现水平落后

山西省高新技术产业技术实现水平要素得分排名在后 10 位，排名第一位的北京高新技术产业技术实现水平指标得分达到 100，而山西仅为 16.15。西部的云南与贵州两个省高新技术产业技术实现水平指标得分在 90 分以上，说明这两个省高新技术产业内每万人拥有发明专利数较高，通过查阅原始数据得知这两个地区的该指标值分别为 60 件与 63 件；排名第一位的北京，该指标值为 114 件；反映出这些省（市）高新技术产业智力资源的技术创新产出水平较高。西部的宁夏、重庆与陕西这 3 个省（区、市）的技术实现水平指标得分较高，其每万人拥有发明专利数分别为 49 件、47 件与 40 件，说明这些省（区、市）高新技术产业智力资源也具备一定的技术创新能力。而山西省高新技术产业每万人仅拥有发明专利 9 件，反映出山西省高新技术产业智力资源的技术创新能力不足，技术创新的产出水平低。

#### 8.2.4.3 山西省高新技术产业创新集群的价值实现水平低下

从价值实现水平来看，北京高新技术产业创新集群的价值实现水平要素得分达到了 95 以上，而山西不足北京的 1/4。分析全国各地区在价值实现水平要素及其所对应的操作指标的得分，可以看出东部地区的价值实现水平要素得分均在 70 以上，反映出这些省（市）高新技术产业促进经济发展的作用很强、技术创新转化为现实生产力的水平较高；西部的宁夏、四川、云南、重庆、贵州与陕西等省（区、市）的价值实现水平指标相对较高，宁夏与陕西的高新技术产业具有相似的价值实现特点，自主创新转化为现实生产力水平较高与产品出口创汇能力较强；四川与重庆高新技术产业的高产出特点明显，且自主创新转化为现实生产力水平较高；云南与贵州高新技术产业的劳动生产率、投资利润率较高，说明这两个省高新技术产出的高产出与高获利特点显著。山西省高新技术产业的价值实现水平要素得分排名在后 5 位，其对应的操作指标值均较小，反映出山西省高新技术产业创新集群建设的高产出、高获利特点不明显，技术创新转化为现实生产力水平不高。

#### 8.2.4.4 山西省高新技术产业创新集群建设的技术创新效率较高

山西与西部的宁夏、重庆的高新技术产业创新集群建设的技术创新效率要素得分排名在前 10 位，说明这些省（区、市）高新技术产业创新集群建设的技术创新效率相对较高。宁夏高新技术产业智力资源的投入产出效率及技术创新直接产出对整个产业利润的贡献程度均较高；重庆高新技术产业资金、智力资源的投入产出效率及技术创新直接产出对整个产业利润的贡献程度均比较高；山西高新技术产业资金的投入产出效率与技术创新直接产出对整个产业利润的贡献程度较高。

#### 8.2.4.5 山西省高新技术产业创新集群发展具备较强的成长潜力

山西省高新技术产业创新集群发展的成长潜力水平较高，与排名第一位的四川仅相差 10 分，反映出山西省高新技术产业的利润与 R&D 活动人员有较高的增长速度，从长期来看具有快速发展的潜力。成长潜力水平指标得分排名前 10 位中，西部地区有甘肃、四川、西藏与陕西；中部地区有河南、湖南、山西与湖北。具体分析原始数据可以发现，2006 年、2007 年山西等中西部地区的高新技术产业利润额与 R&D 活动人员这两个指标的绝对值较小，所以在计算增长率时超过了东部地区。

可以得到，山西省高新技术产业创新集群发展具有规模不大、高投入与高产出的特征不明显、发展速度较快等特征，而制约其发展的主要因素为资源投入、技术实现与价值实现等因素。

# 8.3 山西省高新技术产业创新集群效率评价

高新技术产业创新集群效率反映了高新技术产业对于投入资源的有效利用程度，由于高新技术产业创新集群发展涉及多个投入与产出指标，不能单纯地仅以某个投入指标最小或产出指标最大来评价。DEA方法可以综合考虑某几个主要的投入与产出指标，来分析山西省高新技术产业创新集群的效率。

## 8.3.1 高新技术产业创新集群效率的 DEA 模型

DEA是一种基于线性规划的用于评价同类型组织具有相同类型投入与产出的工作绩效相对有效性的工具手段。为了正确地运用DEA方法，得出科学的评价结论和有用的决策信息，必须认真分析评价的具体目的[168]。本部分运用DEA模型的评价目的是通过DEA模型的“相对有效性”来衡量山西省高新技术产业创新集群的规模效率与技术效率。即将全国 31 个省（区、市）的高新技术产业创新集群视为一个完整的系统，研究山西省高新技术产业创新集群在该系统中是否有效。

DEA中称被衡量绩效的组织为决策单元，从技术和经验上，DEA要求决策单元满足：一是决策单元应该具有“同类型”特征；二是通常认为决策单元的个数不少于输入输出指标总数的 2 倍为宜。因此，选取全国 31 个省（区、市）的高新技术产业作为决策单元。

高新技术产业创新集群表现在两个方面，即创新投入活动与产出活动，因此本课题组选择能够反映高新技术产业创新集群投入活动的R&D人员全时当量、R&D人员占科技活动人员比重、科学家与工程师占R&D人员比重、R&D经费、R&D经费占科技活动经费比重、R&D经费占主营业务收入比重、微电子控制设备占生产经营用设备比重、R&D项目占科技项目比重等指标，选择能够反映高新技术产业创新集群产出活动的新产品产值占工业总产值比重与发明专利数量等指标。

由于本部分的评价目的是衡量山西省高新技术产业创新集群的规模效率与技术效率，因此，选择的输入输出指标应能够反映高新技术产业创新集群状况，应避免输入、输出内部指标间强线性关系并要考虑指标的多样性和指标数据的可获得性。

运用从山西省统计局获得的 2015 年高新技术产业发展状况的数据，对以上指标用SPSS统计分析软件进行相关性分析，分析结果如表 8-3 所示。

表8-3　高新技术产业创新集群投入与产出指标的相关系数分析

| 相关系数 | R&D人员全时当量 | R&D人员占科技活动人员比重 | 科学家与工程师占R&D人员比重 | R&D经费 | R&D经费占科技活动经费比重 | R&D经费占主营业务收入比重 | 微电子控制设备占生产经营用设备比重 | R&D项目占科技项目比重 | 新产品产值占工业总产值比重 | 发明专利数量 |
|---|---|---|---|---|---|---|---|---|---|---|
| R&D人员全时当量 | 1 | –0.576** | –0.291 | –0.965** | –0.537** | –0.347 | –0.550** | –0.257 | –0.175 | –0.885** |
| R&D人员占科技活动人员比重 | –0.576** | 1 | –0.430* | –0.545** | –0.700** | –0.475** | –0.417* | –0.528** | –0.396* | –0.477** |
| 科学家与工程师占R&D人员比重 | –0.291 | –0.430* | 1 | –0.259 | –0.106 | –0.064 | –0.383* | –0.048 | –0.130 | –0.069 |
| R&D经费 | –0.965** | –0.545** | –0.259 | 1 | –0.564** | –0.373* | –0.520** | –0.288 | –0.192 | –0.815** |
| R&D经费占科技活动经费比重 | –0.537** | –0.700** | –0.106 | –0.564** | 1 | –0.602** | –0.278 | –0.639** | –0.254 | –0.467** |
| R&D经费占主营业务收入比重 | –0.347 | –0.475** | –0.064 | –0.373* | –0.602** | 1 | –0.192 | –0.622** | –0.613** | –0.340 |
| 微电子控制设备占生产经营用设备比重 | –0.550** | –0.417* | –0.383* | –0.520** | –0.278 | –0.192 | 1 | –0.235 | –0.392* | –0.481** |
| R&D项目占科技项目比重 | –0.257 | –0.528** | –0.048 | –0.288 | –0.639** | –0.622** | –0.235 | 1 | –0.325 | –0.219 |
| 享受各级政府减免税 | –0.656** | –0.458* | –0.282 | –0.745** | –0.542** | –0.438* | –0.314 | –0.330 | –0.224 | –0.495** |
| 新产品产值占工业总产值比重 | –0.175 | –0.396* | –0.130 | –0.192 | –0.254 | –0.613** | –0.392* | –0.325 | 1 | –0.232 |
| 发明专利数量 | –0.885** | –0.477** | –0.069 | –0.815** | –0.467** | –0.340 | –0.481** | –0.219 | –0.232 | 1 |

* 在0.05水平上显著（双层）。

** 在0.01水平上显著（双尾）。

从表 8-3 可以看出，产出指标新产品产值占工业总产值比重与发明专利数量不具有线性相关性，因此可以将这两个指标作为DEA模型的输出指标。在所选定的 8 个投入指标中，与两个产出指标显著线性相关的指标为R&D人员占科技活动人员比重。由于R&D人员占科技活动人员比重与其余的 7 个投入指标显著线性相关，因此，只选择R&D人员占科技活动人员比重作为DEA模型的投入指标。

根据本部分确定的评价目的，本课题组主要选择了最基本的DEA评价模型的基于投入的$C^2R$模型，即在保持现有产出指标值不变的情况下，使投入指标值尽可能小。最优规划模型见式（8-3）。

$$\min\theta-\varepsilon(\hat{e}^T S^- + e^T S^+);$$
$$s.t.\begin{cases}\sum_{j=1}^{n} X_j\lambda_j + S^- = \theta X_0; \\ \sum_{j=1}^{n} Y_j\lambda_j - S^+ = Y_0; \\ \lambda_j \geqslant 0，S^-，S^+ \geqslant 0。\end{cases} \tag{8-3}$$

## 8.3.2　山西省高新技术产业创新集群效率分析

由于模型较大，本课题组利用MATLAB2010R版本中的Linprog函数编程求解大型的线性规划问题，可以得到各省（区、市）高新技术产业创新集群的规模效益与创新活动的效率（表 8-4）。

**表8-4　31个省（区、市）高新技术产业创新集群的DEA模型计算结果（基于投入的$C^2R$）**

| 决策单元 | $\theta$ | $\sum\lambda_i/\theta$ | 决策单元 | $\theta$ | $\sum\lambda_i/\theta$ |
|---|---|---|---|---|---|
| 天津 | 0.7618 | 1.583 093 | 湖北 | 0.4048 | 1.773 221 |
| 河北 | 0.199 | 1.236 181 | 湖南 | 0.4854 | 1.547 178 |
| 山西 | 0.2242 | 1.571 365 | 广东 | 1 | 1 |
| 内蒙古 | 0.1247 | 1.644 747 | 广西 | 0.3478 | 1.394 767 |
| 辽宁 | 0.2985 | 1.459 296 | 海南 | 0.4455 | 0.666 667 |
| 北京 | 1 | 1 | 重庆 | 0.7811 | 1.975 547 |
| 黑龙江 | 0.1745 | 1.866 476 | 四川 | 0.4168 | 1.622 601 |
| 上海 | 0.5904 | 1.713 076 | 贵州 | 0.2925 | 1.099 487 |

续表

| 决策单元 | $\theta$ | $\sum\lambda_i/\theta$ | 决策单元 | $\theta$ | $\sum\lambda_i/\theta$ |
|---|---|---|---|---|---|
| 江苏 | 0.611 | 1.114 239 | 云南 | 0.2138 | 1.359 214 |
| 浙江 | 0.7249 | 1.325 976 | 西藏 | 0.6534 | 0.619 069 |
| 安徽 | 0.4409 | 1.233 613 | 陕西 | 0.2306 | 1.611 015 |
| 福建 | 0.2851 | 2.151 877 | 甘肃 | 0.234 | 1.475 641 |
| 江西 | 0.2222 | 1.707 021 | 青海 | 0.3211 | 0.714 419 |
| 山东 | 0.3882 | 1.407 007 | 宁夏 | 0.1852 | 1.714 363 |
| 河南 | 0.2156 | 1.112 709 | 新疆 | 0.1616 | 1.256 807 |
| 吉林 | 0.7654 | 1.230 651 | | | |

在表 8-4 中，$\sum\lambda_j/\theta$为DEA模型中各变量$\lambda_j$之和与最优值的比值，该数值反映了各省（区、市）高新技术产业创新集群的规模效益情况；$\theta$表示高新技术产业创新集群的效率。

#### 8.3.2.1　山西省高新技术产业创新集群的效率分析

若决策单元的$\theta$值等于 1，说明该决策单元是DEA有效，其中既包括技术有效（输出指标值相对于投入指标值而言已达到最大，该决策单元位于生产函数的曲线上），也包括规模有效（投入指标值既不偏大，也不偏小，是处于规模收益不变的状态）。从表 8-4 可以看出，2015 年全国 31 个省（区、市）中，有 2 个地区的高新技术产业创新集群效率是DEA有效，分别为北京市与广东省，说明北京市与广东省的高新技术产业创新集群的效率最高。

若决策单元的$\theta$值小于 1，说明该决策单元是DEA无效，即在保持现有产出指标值不变的情况下，投入指标值降为原值的$\theta$倍时，可以使创新集群的效率达到最高。从表 8-4 可以看出，山西省的$\theta$值为 0.2242，那么在保持山西省现有产出指标值不变时，投入指标值——R&D人员占科技活动人员的比重应该从现在的 0.35 降为 0.07847 才能使高新技术产业创新集群效率达到最高，这也反映出山西省的R&D人员的技术创新能力较低，虽然有较高的人员投入，但创新的产出能力太低。

#### 8.3.2.2　山西省高新技术产业创新集群的规模效益分析

$\sum\lambda_j/\theta$ 反映了决策单元创新集群的规模效益。若$\sum\lambda_j/\theta<1$ 表示规模效益递增且该值越小规模递增趋势越大，说明在决策单元现有投入指标值的基础上，提高投入指标值可能带来更高比例的产出，此时决策单元应该增加投入。如表 8-4 所示，2015 年全国 31 个省（区、市）中有 3 个地区的高新

技术产业创新集群规模效益呈递增状态，即这些地区的高新技术产业创新集群过程中投入规模太小，还没有达到理想产出的投入规模，创新集群的投入规模还有一定的发展空间，存在着较大的发展余地，应适当加大创新集群规模的投入，即加大对R&D人员的投入。

若$\sum\lambda_j/\theta>1$表示规模效益递减，且该值越大规模递减趋势越大，说明在决策单元现有投入指标值的基础上，提高投入指标值不可能带来更高比例的产出，此时决策单元没有必要增加投入。如表 8-4 所示，2015 年全国 31 个省（区、市）中有 26 个包括山西省在内的地区高新技术产业创新集群规模效益呈递减状态，即这些地区的高新技术产业创新集群的投入规模已足够大，未来应注重提高创新集群的产出能力，而不是一味地追求高投入。山西省的$\sum\lambda_j/\theta=1.571\ 365$，即投入与产出的比例为 1.571 365 ： 1，说明现有R&D人员投入量已足够大，未来的关键是如何提高高新技术产业创新集群中R&D人员的技术创新能力。

### 8.3.3　山西省高新技术产业创新集群效率评价

通过对全国 31 个省（区、市）的高新技术产业创新集群效率的DEA分析，可以得到以下两点。

（1）山西省高新技术产业创新集群未达到DEA有效，即高新技术产业创新集群效率较低，在保持现有的投入不变的情况下，高新技术产业创新集群的产出太低。因此，山西省高新技术产业创新集群在未来的发展过程中应该提高R&D人员的技术创新能力、提高创新集群产出。

（2）山西省高新技术产业创新集群的产出偏低，新产品产值占工业总产值比重太低，一方面反映出高新技术产业创新集群产出的新产品数量少、获利能力低；另一方面反映出山西省高新技术产业创新集群对拥有发明专利的产业化水平较低、专利的应用能力较差。因此，未来山西省高新技术产业创新集群建设过程中应加大新产品的开发与生产、加快发明专利的产业化速度。

# 第 9 章 山西省高新技术产业创新集群建设策略分析

通过制定相应的政策措施，发挥政策的导向和扶持功能，激发创新活力，诱导和引导经济要素，特别是稀缺资源向高新技术产业流动和集中，提高高新技术产业创新集群发展水平、竞争力及经济效益，从而实现山西可持续发展与产业结构优化升级。

结合第 7 章与第 8 章的分析，拟从明确高新技术产业创新集群重点领域及政策建议两个方面分析山西省高新技术产业创新集群建设的策略。

## 9.1 确定山西省高新技术产业创新集群重点建设领域

结合山西省高新技术产业发展现状，突出产业发展特色，未来应重点发展装备制造、冶金、医药、电子信息、煤化工等领域的产业创新集群。

### 9.1.1 增强装备制造产业创新集群的竞争优势

抓住新一轮科技革命的重大机遇，加快实施《中国制造 2025》计划，做大做强一批装备制造产业集群，将山西省建设成为国内先进装备制造的重要基地，加快推进“山西制造”向“山西智造”的工业转型升级。

#### 9.1.1.1 进一步优化产业布局

以晋中地区（太原、晋中）为核心向外辐射，重点发展榆次液压产业集群、榆次纺机产业集群、祁县泵业产业集群，培育清徐机械制造集群、榆次改装车产业集群；以晋北（忻州）、晋东（阳泉）、晋南（临汾、运城）、晋东南（长治、晋城）为支撑，晋东地区重点发展阳泉市矿区机械制造产业集群；晋北地区重点发展原平市皮带及煤机产业集群，培育原平锅炉产业集群；晋南地区重点发展运城汽车配件产业集群、侯马市装备制造产业集群；晋东南地区重点发展长治市城南机械工业产业集群，培育长治县电气制造产业集群、高平煤机产业集群。积极支持太原、榆次新能源汽车产业集群。

#### 9.1.1.2　明确创新集群建设的主要任务

依托各集群中的龙头企业，发展大型整机、成套设备生产，提高行业总体产品结构层次，增加技术含量，提高产品附加值，增强发展后劲，提升装备制造技术创新能力。

以重点企业、园区、技术、项目为依托，按照对产业带动能力强、影响力大等标准，积极推进重大装备制造项目建设。大力实施信息化科技工程，提高装备制造业信息化水平。鼓励企业在关键技术、核心技术领域创新发展，完善装备制造业技术标准体系，增强具有自主知识产权的核心竞争力，占据行业技术制高点。大力培育和发展高端装备制造业，提升产业核心竞争力。

各地政府和行业组织要积极提供良好的技术服务，建立资源共享的服务平台，形成紧密的“产、学、研、用”合作机制，共同推进装备制造业研发、检验检测、人才交流等平台的资源共享。优化政策环境，吸引更多资本投入装备制造业，扩大产业集群规模，提高产业集群层次，为推进山西新型工业化进程提供重要支撑。

#### 9.1.1.3　重点支持一些有实力的地区产业集群率先实现创新发展

（1）运城汽车配件产业集群。以运城开发区和空港开发区为基地，依托骨干企业山西大运汽车有限公司、山西卡乐仕汽车服务有限公司、山西恒誉镁业有限公司、山西同誉有色金属有限公司、山西嘉奇电气设备有限公司、山西鑫钜重型机械制造有限公司、山西炯达材料有限公司等，围绕大运重卡生产配套所涉及的底盘、动力、电气、车身四大系统，引进培育一批具有较强配套服务能力的企业，选择发展技术含量高、市场前景好、附加值高的主导产品。开展集群化招商，吸引更多的汽车及配件企业入园，实现汽车产业链的横向配套和纵向延伸。

（2）长治城南机械制造产业集群。以淮海集团、长治清华机械厂两大军工企业为发展基础，集合长治市东华机械厂、长治潞安合力机械公司、长治市高科产业投资有限公司等配套产品生产加工企业，形成一个装备制造专业化分工和满足多维性需求的产业链结构，实现集中连片区域化发展。

（3）侯马市装备制造产业集群。以发展先进装备制造业、高新技术产业及清洁新能源产业为目标，依托山西汤荣机械铸造、北方风雷、东鑫机械铸造、众合特种钢、威创动力机械等龙头企业，继续扶持山西华强钢铁有限公司、山西建邦集团铸造有限公司、山西韵德康铸造有限公司和山西兴业炉料有限公司等公司的改扩建项目。充分发挥军工企业技术优势，沿着抓龙头、扩规模、系列化、成套化的路径，积极推广精铸、消失模铸造等技术，大力发展精密铸造，形成产业相互关联、资源相互共享、服务相互配套的“高、精、尖”技术产业集群。

（4）阳泉市矿区机械制造产业集群。依托山西华鑫电气有限公司、阳泉煤业集团华越机械有限公司等龙头企业，重点聚焦煤炭高效开采、煤炭清洁洗选、煤炭高效燃烧发电3个煤炭装备领域，依托系列化、规模化生产，品牌化、市场化营销，推动装备制造业由内向型向外向型转变。主要发展综采“三机一架”、煤机维修、数字矿井重点环节的产品和服务，以及振动筛和重介质旋流器和超临界燃煤机组锅炉、循环流化床锅炉、燃气轮机等装备。

（5）榆次纺机制造产业集群。以经纬纺机集团为核心，依托格瑞特纺机、沪晋纺机公司、贝斯特机械公司等骨干企业，整合周边纺机企业，构建纺机制造产业集群。围绕纺机主机产品，重点发展具有差别化功能的化纤成套设备，日产200吨以上的涤纶短纤数字化成套设备。强化纺机专件的研发制造水平，推进涵盖铸造、冷作、锻造、机械粗细加工、表面处理等各个领域的发展，建设完善的纺机产业链，建立区域专业化纺机生产及原材料配送中心，做大纺机配套产业。

（6）太原、榆次新能源汽车产业集群。把新能源汽车作为山西省“十三五”期间重点发展的装备制造业，大力发展新能源汽车，使新能源汽车在山西整车生产中占据主导地位。依托已形成生产能力的4家整车生产企业——大运汽车股份有限公司、山西新能源汽车工业有限公司、山西成功汽车制造有限公司、山西皇城相府宇航汽车制造有限公司，重点打造太原、晋中、晋城电动汽车产业基地，晋中、长治甲醇汽车产业基地，太原、运城、大同燃气汽车产业基地。

### 9.1.2 提升冶金产业创新集群的吸引力

根据山西省资源条件、市场区域、环境容量、产业基础和物流配套能力，优化产业空间布局，注重优化钢铁产业，配套延伸铝镁产业，促进资源就地转化，实现速度、质量与效益的统一。

聚焦不锈钢和镁铝产业深加工，围绕继续做大太原不锈钢产业集群、闻喜金属镁产业集群、永济市铝材深加工产业集群，形成山西中、南部三大冶金集聚区的发展格局。

充分利用冶金工业发展基础，优化产业布局，推进企业联合重组，提升产业集中度，切实增强企业素质和市场竞争力。坚持把优化增量发展和调整存量发展相结合，控制生产总量，淘汰落后产能，严格控制产能无序扩张。通过精深加工延伸产业链条，开发高附加值的新产品，以主动占据技术创新市场。

未来应该重点建设以下几个地区的产业集群。

（1）永济市铝材深加工产业集群。依托龙头企业山西华圣铝业有限公司的资源优势，以铝深加工园区为载体，发展壮大铝深加工产业，主攻高端型材、汽车零部件和铝板带箔等新型材料，深化技术改造和产品创新，以先进产能置换落后产能，促进产业链条延伸和转型升级。

（2）太原不锈钢产业集群。依托太钢不锈钢产业园区，加强太钢集团与不锈钢材料生产、研发与深加工全产业链相关企业之间的生产协作，形成科技型产业集群的典型示范。以先进产能置换落后产能，加快应用新技术、新工艺、新装备，促进生产工艺改造和产业升级。

（3）闻喜金属镁产业集群。以银光镁合金科技园区为核心，打造阳隅、柏林、礼元、南垣四大集聚区。依托银光集团建立的全国金属镁行业唯一的国家级企业技术中心，开展重大共性技术攻关，强化集群内技术合作应用，切实提升生产工艺水平。以整合优化、发展提升为方向，推进镁合金的延伸加工和工艺配套，完善镁合金产业链。

## 9.1.3　大力支持煤化工产业集群向创新集群转变

利用省内分布广泛的煤炭资源优势，加强与中科院山西煤化所、太原理工大学国家煤化工工程实验中心、山西省化工设计院等一大批国内知名的煤化工专业研究机构的合作，提高煤化工企业创新能力和技术装备水平，形成传统煤化工为基础、现代煤化工为主导、精细化工与化工新材料为支撑的特色产业创新集群。

### 9.1.3.1　扩大产业集群规模

依托大同市活性炭产业集群、朔州市粉煤灰综合利用产业集群，建设晋北煤化工产业基地；依托介休太谷平遥产业集群，建设晋中碳素产业基地；依托绛县炭黑产业集群，建设晋南煤化工产业基地，形成北、中、南三大煤化工产业集群。

### 9.1.3.2　规划产业集群创新发展方向

围绕低质煤高效清洁利用，大力发展现代煤化工产业，延伸拓展特色煤化工产业，优化提升传统煤化工产业。推进煤化企业深度联合，建设具有循环经济特色的现代煤化工产业基地和产业园区。充分利用山西省丰富的高硫高灰劣质煤、焦化副产品资源，走精细化发展路径，提高煤炭资源转化效率和附加价值，推进传统煤化工优化提升和新型煤化工规模发展。

#### 9.1.3.3 支持优势地区产业集群率先向创新集群方向发展

（1）绛县炭黑产业集群。依托恒大化工、志信化工、远征化工、博强化工、瑞欣化工、恒信化工、华青实业、天宝化工、申王佩格特化工、津昊元化工、诚信化工、德信隆化工、群力橡塑等主导企业，加强产业配套协作，打造完整产业链，将产业集聚优势转化为市场竞争优势。

（2）大同市活性炭产业集群。作为占全国产能 1/3 的国内最大活性炭生产基地，重点扶持龙头企业山西华青活性炭公司和大同市光华活性炭公司，大力发展煤质原煤破碎炭、压块炭、粉炭、脱硫脱硝活性炭等主导产品，提高产品技术含量和附加值。

（3）晋中碳素产业集群。依托晋中市三汇碳素有限公司、山西三晋碳素股份有限公司、山西创新碳素制品有限公司、介休市巨源炭素有限公司、山西省平遥峰岩炭素有限公司，打造晋中介休、太谷、平遥、祁县等平川地区碳素产业集群，加强企业科技协作，建立具有区域特色、高附加值的多元产品体系。

### 9.1.4 继续推动医药产业扩大集群规模

依托现有产业集群发展基础，发挥龙头企业的辐射带动作用，通过市场化的兼并重组整合，吸引嫁接一批具有发展潜力和配套功能的企业，推动集群向新型化、规模化方向发展。

依托山西省生物农药研制的技术优势，充分利用本地药材资源，加大科技攻关力度，大力提升产业发展的技术支撑能力。建设太原、大同、晋东南 3 个医药产业集群。

#### 9.1.4.1 确定产业创新集群发展的目标

立足发挥山西省医药资源、地缘和产业传统比较优势，加大重组整合步伐，推进医药产业集群集聚发展，形成一批具有国际影响力的品牌、市场占有率高的产品和具有核心竞争力的企业集团。

支持骨干企业追踪国际医药技术发展趋势，采用基因工程、生物医药等高新技术和现代合成技术，加快具有自主知识产权的新技术、新产品的产业化。

运用现代科学技术方法和制药手段，开发现代中药新药及天然药物，重点发展具有自主知识产权的现代中药。

#### 9.1.4.2　充分发挥现有地区产业集群的引领作用

（1）大同医药产业集群。以国家级产业园大同医药工业园为核心，按照集群化、高端化、生态化、循环式发展模式，延伸产业链，提高附加值，形成产业辐射带动和规模扩张效应增强市场核心竞争力；重点发展化学原料药、制剂和促进中药现代化，打造全国最具优势的化学原料药制造基地。

（2）长治医药产业集群。以长治屯留康庄医药工业园为核心，依托长治市三宝生化药业有限公司、长治市三宝药业化学合成有限公司、山西双鹰动物药业有限公司和山西振东开元制药有限公司，重点发展现代中药、生物医药和化学原料药，形成全省生物医药和创新药物基地。

（3）太原医药产业集群。以太原制药工业园、太原经济技术开发区、太原高新技术开发区为依托，重点发展生物医药、化学原料药及现代医药物流，巩固仿创非专利药、化学原料药和现代医药物流的特色优势地位。

### 9.1.5　拉动电子信息产业向集群方向发展

顺应“互联网+”的发展趋势，立足资源禀赋、产业基础和比较优势，突出规划引领，优化空间布局，进一步挖掘潜力、整合资源，大力支持电子信息产业向集群方向发展。

依托太原市高新区、太原市经济开发区，重点扶持高新区软件及电子信息产业集群，构建立足省会、辐射全省的产业发展格局。

#### 9.1.5.1　制定产业集群发展策略

发挥太原罗克佳华公司、太原合创自动化公司、太原风华信息装备公司、山西科泰微技术公司、中绿环保公司等龙头企业的引导作用，培育一批具有自主知识产权的名牌产品和自主创新能力强的优势企业。

面向煤炭领域、信息化领域、装备制造领域、环保节能领域，在产品研发、市场开拓、服务经济等方面分工合作，推动电子信息技术、电子商务、电子产品等向高端、融合应用方向发展。

#### 9.1.5.2　重点支持两大产业集群的发展

（1）太原高新区软件及电子信息产业集群。以“两化融合”为切入点，重点推进信息技术与装备产品的融合，提高电子信息产业的技术创新能力和市场竞争力。依托具有自主知识产权的重点产品和承接转移的重大产品，推动电子信息产品的智能化、网络化、服务化，形成具有山西省产业特色和结构优势的电子信息产业集群。

（2）太原电子商务产业集群。把电子商务作为未来电子信息业的潜力产业，加大各级政府对电子商务的大力支持和园区的完善配套，通过实施政府助力、优化服务、完善配套等有效措施，使电商产业呈现集群化发展的良好态势。在太原市建立省级电子商务示范基地，逐步扩大到省内各地多个产业集群。加大对电子商务的宣传和人员培训，鼓励在太原市设立区域电商总部或创建电商平台。

在各种基础体系之上，进一步完善传统企业和电商服务企业对接和服务体系、网货和网商对接和服务体系、全程电商物流服务体系、电商金融服务体系、多渠道销售服务体系、电商人才服务体系六大功能体系，加强电商培训服务，营造园区共同采购平台，服务升级为2.0版本。针对入驻企业给予不同的优惠政策，从初创到发展壮大各阶段提供全流程、个性化定制等全方位服务。

## 9.2 支持山西省高新技术产业创新集群建设的政策建议

以发挥比较优势和打造专业化优势为方向，突出创新引领，强化联合协作，支持传统优势产业集群发展壮大，促进新兴产业集群高点起步，推动高新技术产业集群成为适应经济新常态的新的增长点和动力源。

### 9.2.1 支持创新资金投入，壮大产业技术创新规模

技术创新是高新技术产业发展的不竭动力，持续的高强度技术创新资金投入是高技术产业发展的必要条件[161]。技术创新资金的来源渠道包括企业自主投入、政府资金支持、金融及社会资本的支持，因此，未来需要不断拓展这些渠道，从而增加技术创新资金。

#### 9.2.1.1 充分发挥政府在技术创新资金投入中的引导作用

通过财政直接投入、税收优惠等多种财政投入方式，增强政府投入调动全社会科技资源配置的能力。为推动财政资金对社会资金尤其是金融资本的引导和带动，积极探索设立科技创新贷款担保（风险补偿）资金、科技贷款财政贴息专项资金、科技保险财政保费补贴专项资金及政府与高技术企业联合基金等，引导高校、科研院所、高新技术企业对科技创新的投入，鼓励高新技术企业围绕经济社会发展的重点领域和重大专项开展产学研合作。

充分发挥现有中小企业专项资金的支持引导作用，重点支持产业集群龙头企业、专精特新企业发展和集聚区公共服务平台、公用基础设施、小微企业创业基地建设等。引导山西省中小企业创业投资基金和其他中小企业股权投资基金，扩大产业集群优势企业的支持规模和范围。

由各级政府提供风险补偿资金的小微企业融资产品，逐步加大对产业集群中小微企业的支持力度。积极协调和鼓励银行业金融机构针对不同类型、不同发展阶段的产业集群，提供量身定做的金融产品和服务，将产业集群中的龙头企业、基础设施和重点项目建设等列为信贷支持重点，增加授信额度，简化信贷手续，实行利率优惠。

#### 9.2.1.2　强化高技术企业的技术创新资金投入主体地位

通过多种财政税收优惠措施来激励高技术企业增加研发投入。从直接的税率或税额优惠为主向间接的税基优惠为主转变，如R&D费用扣除、人才引进费用、再投资税收减免、延期纳税等措施，可以于事前引导高技术企业进行技术创新和科研开发。建立科技研发准备金制度，允许高技术企业在税前按照销售收入计提一定比例的诸如技术研发准备金、新产品试制准备金、新产品开发亏损准备金等，用于技术开发、技术培训、技术革新及引进研究设施等，引导高技术企业进行技术创新活动。

#### 9.2.1.3　激励社会资本进行技术创新投入

建立以政府为主导、财政部分出资、银行适量贷款等多元资金注入的政策性创业投资基金。利用国家级资源型经济转型发展综合配套改革试验区先行先试的优势，积极争取对风险投资与创业担保机构的税收优惠政策，为高技术企业技术创新营造良好的融资环境。

加大对创业投资基金设立和投资业务的激励，通过贷款贴息、补助、资本注入等方式，鼓励创业投资基金加大对科技型中小企业的支持[169]；建立天使投资基金，设立天使投资基金，引导山西煤焦领域的资金注入天使投资基金，由专门的天使投资人对基金进行管理，对中小高技术企业、处于种子期的高技术企业进行投资。

加强产业集群内融资平台建设，建立多元化投资融资服务体系，多渠道筹集资金，增强“造血”功能，解决企业融资难的问题。支持产业集群内自主创新能力强、成长性好、符合国家产业政策等相关条件的企业，积极利用股票上市、“新三板”挂牌等多层次资本市场，用足用好公司债、企业债、私募债等融资工具。

### 9.2.2 鼓励创新人才队伍建设，提高产业技术创新水平

技术创新人才是支撑技术创新活动的关键要素。加大创新人才培养和知识产权保护力度、推进技术成果转化吸收是提高产业技术创新水平、保持高技术产业快速发展的有效途径[170]。

#### 9.2.2.1 围绕高新技术产业创新集群发展的目标，制订和实施高层次科技人才引进计划

结合高技术产业与新兴产业创新集群发展需要，有重点、高效率地吸引高层次人才和紧缺人才来晋工作，重点引进在新材料、新能源、医药制造等产业领域能够突破关键技术的科技领军人才。

依托重点高技术企业、高等院校和科研机构及国家级高技术产业开发区，建立若干海内外高层次人才创新创业基地、集聚一批海内外高层次创新人才和团队。

在医药、信息、先进制造、先进环保和资源利用等产业领域，依托重大科研项目、重大科研基地建设及国内、国际学术交流等形式与名校、大院、大所合作，将名校、大院、大所的高层次科技人才为我所用，促进这些产业快速发展。

#### 9.2.2.2 多渠道培养与引进技术创新人才

引导省、地市级的高等教育以教学、培训实用型人才为目标或联合高技术企业进行订单式培养，或结合当地有优势的高新技术产业培养综合型和专项技能型人才[171]。

支持高新技术企业培养和吸引科技人才，鼓励高新技术企业与高等院校、科研院所进行“订单式”人才培养合作；鼓励高技术企业聘用高层次科技人才和培养优秀科技人才，并给予政策支持；允许高等院校和科研院所的科技人员到高技术企业兼职进行技术开发；支持高技术企业吸引和招聘国外、省外科学家和工程师。

积极引导具有一定实力水平的高新技术企业，充分利用国内外智力，通过学术交流、合作研究、技术开发、智力考察、中介服务等多种形式，努力培养本地科技人才。

#### 9.2.2.3 加强科研与技术创新团队建设

成立高新技术产业技术教师研发团队，以高新技术产业界具有实践经验的专家为核心与产学合作关键角色，组合高校的教授、教师与研究生，形成

精英研发团队积极促进高技术产业发展、辅导本地产业升级。

突出山西的优势高新技术产业，以解决高新技术产业发展中的重大关键技术问题为目标，培养若干支结构合理，绩效明显、核心竞争力较强的团队。

### 9.2.3　构建科研协作创新网络，提升产业技术创新能力

在产业创新集群建设过程中，政府的主要职能是制定、组织、协调、规范、引导。即：制定重大政策，对企业需要与省内外的名校、大院大所合作的项目进行牵线、搭桥，引导可以促进知识与技术转移，并且有利于提升合作创新效率的产学研合作网络的建立[172]。

山西高等教育与科研基础薄弱，技术是高技术产业发展的瓶颈。未来需要打破区域对教育、科技资源的限制，引导高技术企业积极与北京、天津、陕西等科研实力较强的高校与科研院所合作，围绕山西优势领域的高新技术产业，共建研发机构如开发中心、中试基地、研究所等，共建工程研究中心与重点实验室等。通过共建的形式可以实现企业、高校与院所间的信息交流，资源共享、优势互补，也可以培养和造就高层次人才，促进高层次人才的理论与实践的结合、创新与产业的结合、技术与资金的结合等。

以高新技术企业为主体，利用高校、院所的科技人才优势，企业的设备、资金、市场和生产优势共同创办高新技术经济实体，将各自的人、财、物集中起来统筹规划、管理、使用，围绕共同目标合作研究，共创财富、共担风险，实现高新技术企业与高校、院所共建高新技术企业。

共建研发机构（研究开发中心、中试基地或研究所）、工程中心，即以高校、院所为主体，合作的内容为技术创新过程中的科学研究和技术开发，建立的机构主要从事研发与生产营销的衔接和科技成果转化的中介。具体的共建形式有：政府或行业部门与高新技术企业共同投资，在高校、院所建立为相关行业技术进步提供技术储备，推动科技成果配套化、集成化的机构；高新技术企业出资与高校、院所合作，在高新技术企业内建立技术中心，以促进高新技术企业的快速发展；高新技术企业与高校院所共同投资组建研究院，高新技术企业的目的是使高新技术企业在技术上保证处于同行业的领先地位，高校与院所的目的是实现关键技术的突破。

### 9.2.4　发挥龙头企业的辐射作用，扩大产业集群规模

依托各级高新技术产业开发区、经济技术开发区和各类工业园区、中小

企业创业基地，以大企业为龙头、中小企业为配套，培育一批配套能力强、聚集效应明显、特色突出、竞争力强的产业集群。

坚持大中小并举，内外资齐抓，劳动密集、资本密集、技术密集相结合，积极引进和培育关联性大、带动性强的大企业、大集团，增强产业发展带动能力。积极引导龙头企业加强战略规划和管理创新，发挥龙头骨干企业在产品辐射、技术创新、信息扩散和销售网络中的示范引领作用，持续提升带动集群发展的技术优势和效益优势。

鼓励龙头企业通过联合、并购和品牌经营、虚拟经营等现代方式，对其上下游配套企业进行重组、改造，逐步衍生或吸引更多相关企业集聚。发挥龙头企业的集聚带动效应，支持符合产业发展方向、具有相关配套条件的企业延伸产业链，引导中小企业向“专、精、特、新”方向发展，与龙头企业形成专业化分工、配套化生产的格局。

### 9.2.5　完善产业创新链，引导产业集群向创新集群发展

充分整合优化现有园区的资源，不断提高投资强度和土地集约程度，强化生产环节上下游的连贯配套，促进企业集聚和产业升级。以健全完善产业链为主线，放大区位优势，优化政策环境，助推中间产品市场和生产要素市场的形成，鼓励引导企业之间建立垂直或水平的技术关联，强化内部专业化分工和协作创新[173]。

按照“专精特新”的思路，明确产业纵向延伸方向和横向配套重点，发展研发、制造、销售、物流及其他生产性服务业一体化的产业链体系。坚持横向拉宽、纵向加深，按产业链配套凝练项目，增强产业发展协同能力。

鼓励龙头企业剥离专业化强的零部件和生产工艺，着力培育一批专业化优势明显、竞争能力强的中小微企业，提高关联企业的专业化协作和配套能力水平。

鼓励中小企业积极融入产业链，围绕主导产业和大企业大项目，采取专业分工、服务外包、订单生产等多种方式，与重点骨干企业建立长期稳定的合作关系，形成规模大、产业链长、科技含量高、区域布局广的创新集群发展格局。

支持有条件、有潜力企业在关键技术、关键工艺上进行技术改造与创新，培植一批具有自主创新能力、自主知识产权和核心技术的企业。鼓励集群内企业引进和设立各类研发机构、培训中心、产业化基地等，支持建设企业技

术中心和行业技术中心，在关键技术、关键工艺上进行技术创新合作。

坚持原始性创新、集成创新、引进消化吸收再创新相结合，加强与高等院校、科研机构的产学研合作，搭建集群企业间技术转让交易平台，实现技术创新成果在产业集群内的无障碍流动。探索建立以企业出资为主、政府适当扶持、科研机构参与、企业化管理、市场化运作的共性技术服务平台，建设一批高水平开放式的公共实验室和区域性、行业性的产业集群创新平台，引发产业集群向创新集群的方向发展。

# ·下篇·

# 山西省高新技术企业创新行为特征与绩效研究

# 第10章

# 绪 论

## 10.1 研究背景及意义

当今时代，创新是发展最重要的驱动力之一。在宏观层面，创新是国家发展全局的核心。创新对提高产品质量、实现产品多样化具有不可忽视的作用。同时，创新还可促进企业组织形式的改善和管理效率的提高，从而使企业更好地适应经济发展的要求。

中国政府明确提出，在“十三五”期间强化科技创新的引领作用，深入推进大众创业、万众创新，使我国成为创新型国家。从整体来看，中国的创新能力大多低于发达国家水平，由于企业自主创新能力比较弱，成功率比较低，技术研发成果比较少，很多新兴的技术和设备都需要从国外引入，因此我国的经济与科技存在脱节现象。目前，国家通过税收优惠、股权激励、人才引进和扶持等措施来鼓励企业进行自主创新。

就山西省来说，由于科技创新能力不足、改革滞后和政策不完善等原因，发展主要以传统产业煤炭为主，而山西省转型的希望在于战略性新兴产业，潜力也在于战略性新兴产业，其发展规模在很大程度上决定了山西省的整个经济能否持续、稳定、快速地发展。这就需要与产业相结合，建立以企业为主导的产业技术研发创新体制，发挥企业作为创新主体的作用。围绕产业链进行创新，以大型煤炭企业为主导，推动煤炭、焦化、冶金、电力等传统支柱产业实现转型，同时在高端装备制造、新能源、食品医药、现代服务业等新兴领域，实现创新发展。

在微观层面，创新被认为是影响企业绩效最重要的因素。毫无疑问，企业是技术创新的主体，要建立创新型国家，必须强化企业在技术创新中的主体地位。在知识经济时代，企业只有依据市场变化，不断调整产品结构，提高技术水平，推陈出新，才有可能在激烈的竞争中立于不败之地。从这个意义上说，创新是企业生存和发展的必要前提，是企业生命力的不竭源泉。

目前，高新技术企业作为高新技术市场化的载体，已经成为建设创新型国家最重要的创新元素。国家通过引导企业进入高新技术领域、运用高新技术来改造传统产业，进而提升企业的发展质量和水平，引导企业调整产业结构，使企业持续地进行研究开发与技术成果转化，走上自主创新、持续创新的发展道路，形成企业核心自主的知识产权。

创新作为企业的核心竞争力，被划分为专注于长期利益的探索性创新和注重短期利益的应用性创新。探索性创新和应用性创新是企业的两种重要的创新方式，是企业提高技术创新能力、实现生存和发展的重要手段。创新带来的差异化战略有助于企业更好地面对市场竞争，并获得较高的利润，提高企业绩效。由于市场失灵，政府介入创新活动已成为提高企业经济效益的必然选择。

因此，本研究探讨企业创新行为及其他影响企业创新行为的因素对企业创新绩效的影响。本研究的成果有助于管理者选择科学的创新行为，控制影响创新行为的因素，从而提升创新绩效。

## 10.2 研究对象与内容

本部分主要围绕明确研究对象、确定研究内容、选择研究方法及构建研究框架展开分析。

### 10.2.1 研究对象

根据本课题的研究主题，可以抽取出所研究的对象为企业的创新行为与创新绩效，而创新行为按照创新结果与原有成果的差异程度，可以分为两种不同的类型，开发式创新与探索式创新，或被称为双元创新。

#### 10.2.1.1 双元创新

从现有研究来看，学者们对两种创新行为存在不同的分类，如Duncan[174]将创新活动按照风险的差异分为探索式创新与开发式创新；Benner和Tushman[175]等学者将双元创新与创新结果直接联系起来分为突破式创新和渐进式创新；吴俊杰[176]将组织的双元性创新分为利用式创新和探索式创新。

迄今为止，现有研究对探索性创新与应用性创新之间的互动关系仍然存在两种截然不同的观点。March[177]认为应用性创新是指与现有技术、产品、服务、市场和顾客接近的创新，而探索性创新则是指与现有技术、产品、服务、市场和顾客差距较大的创新，且应用性创新和探索性创新之间的关系是互不相容的。但一些学者并不认同March的观点，他们认为探索与应用两者之间应该是一种互补与协同的关系。Katila和Ahuja[144]提出，探索和应用不是一个连续变量，而是两类不同的活动。Gupta[178]等认为探索和应用可以在不同层面实现平衡和协调，两者之间在同一部门可能是冲突的，但在更高的层面却是正交相容的。Simsek[179]等认为可以通过结构上和时间上的分离来协调探索性创新和应用性创新。

当然，现有研究对不同创新行为的度量方法也有很大的不同。Lai和Weng[180]是通过新出专利，在原先已有技术类别上是否分出一个新的技术类别，来对探索性创新和应用性创新进行界定。Guan和Liu[181]是通过判断新出专利是否应用到之前的专利，来对探索性创新和应用性创新进行界定。Jansen[182]等人则是根据其他学者的创新量表，开发了具有一定效度和信度的双元创新量表，通过对双元创新设置不同的题项，然后进行问卷调查来衡量双元创新。伍勇[183]是采用Gima[184]量表来对双元创新进行衡量，该量表是对创新活动的一种度量，探索和应用活动分别用5个指标来衡量，在度量的过程中，所有指标只是针对技术方面的创新活动未涉及市场方面。李小静、孙柏[185]是通过我国专利划分来衡量双元创新，我国专利可分为发明专利（FM）、实用新型专利（SY）和外观设计专利（WG）。发明专利从技术复杂度与创新程度体现了企业突破性创新；而实用新型专利与外观设计专利则体现渐进性创新。

#### 10.2.1.2 创新绩效

创新绩效是指采用新技术后企业价值的提升；以企业业务额的增加量来测量，包括过程创新和产品创新。沈弋、徐光华、钱明[186]认为创新活动对企业绩效主要产生两大类影响：一类是创新带来了更丰富的产品线，即扩张型绩效；另一类是创新改进了原有产品的品质或者降低了成本，即收益型绩效。

对于创新绩效指标的度量，从现有文献来看，主要包括了评价企业创新活动的效果与效率的指标。目前，学术界并没有一个公认的测量体系，一些学者采用单一维度视角进行测量，如Tasi[187]采用专利数量来测量技术创新绩效；而Devinney[188]认为专利数作为测量创新绩效的指标存在一些缺陷，并且专利数量仅在产业层面的研究中得到证实，而企业个体层面还有待研究。Murphy等指出，任何单一维度的绩效测量都不可能反映企业的绩效产出，多维绩效测量才能在一定程度上反映企业真正的绩效。焦豪[189]认为如果研究时只考虑单一的绩效维度将会导致错误的结论和不科学的理论构建。Lin和Chen[190]认为创新绩效可以用经济绩效和科技成果两个方面来度量。Gemunden[191]则选择采用产品创新和工艺创新两个维度对技术创新绩效进行度量。

Venkatraman和Ramanujam[192]研究发现在评价企业绩效时，一般选择财务指标和非财务指标，其中财务指标度量的是企业经济目标的实现程度，如销售收入、投资回报率、利润率等；而非财务指标指的是市场份额、新产品引入数量、员工数量等。罗彪[193]用总资产回报率表示企业财务绩效；使用市盈率指标即股票价格与每股收益的比值来表示企业长期绩效。市盈率是衡量企业长期发展潜力的综合性指标[194]，市盈率越高，说明外界对企业价值评价和未来成长性的预期越高，企业的未来竞争能力越强。吴俊杰[176]采用创新表现与市场表现两个方面来度量创新绩效，选取了新产品数量、新产品销售额占销售总额的比重、近3年销售额平均增长幅度及近3年的总体市场竞争力4类度量指标，其中，新产品销售额占销售总额的比重刻画了企业的创新绩效和创新力度。王寅等[195]采用徐婧[196]李克特量表的设计对企业绩效进行了间接测量。

### 10.2.2 研究内容

根据具体的研究内容，本研究共包含4个方面。

#### 10.2.2.1 创新行为与创新绩效的理论研究

这部分研究主要包括以下4个方面的内容：①企业创新行为的驱动因素研究；②研究分析政府行为和企业生命周期分别对创新行为的影响，延伸出基于不同生命周期阶段，政府行为对创新绩效的研究；③研究总结战略双元对创新绩效的不同影响，细分战略双元，以适度双元、高双元、低双元来研究其对创新绩效的影响；④研究总结组织内部协作网络对创新行为的影响，延伸出组织内部网络结构特征对创新行为的影响。

#### 10.2.2.2 山西省高新技术企业创新效果与效率分析

本部分研究主要包括以下3个方面的内容。

（1）山西省高新技术企业创新行为特征分析。主要从山西省技术企业的创新类型进行分析，包括开发性创新、探索性创新、原始创新、二次创新、产品创新与工艺创新等内容。

（2）山西省高新技术企业创新行为与创新绩效的实证研究。从以下两个方面展开研究：①查询及收集山西省高新技术企业创新行为与创新绩效的相关资料和数据，分析具体做法与特点。②进行问卷设计时，一方面，需要参阅大量的国内外文献的研究结论，进行题项设计，以保证问卷设计的信度和效度问题；另一方面，需要将设计好的问卷向企业的管理人员进行预测试，结合反馈情况对问卷进行修改。

（3）促进山西省高新技术企业开展创新活动，提升创新绩效的策略与政策建议。拟从个人、团队与组织3个层面探讨促进山西省高新技术企业开展创新活动的策略。从环境营造与政策保障两个方面分析提升山西省高新技术企业创新绩效的政策建议。

## 10.3 研究方法与基础理论

本部分主要阐述本课题研究过程中所用到的研究方法及分析过程中所用到的基础理论。

### 10.3.1 研究方法

本课题研究过程中采用的研究方法主要有以下几种。

#### 10.3.1.1 文献研究法

通过查阅国内外经典和最新的相关文献，梳理文献脉络，找出了现有研究存在的空白点，确定了研究的问题。然后通过对相关文献进行系统的梳理和分析，将双元创新、创新行为的概念内涵，政府行为、生命周期理论、社会网络理论分别与创新行为和创新绩效相关文献进行归纳和总结，然后提出本文的研究假设。

#### 10.3.1.2 实证研究法

运用多元回归模型对收集到的山西高新技术企业创新绩效影响因素问卷数据做多层次数据分析，进一步综合考察宏观创新环境因素、中观创新网络因素、微观组织因素与创新行为对山西省高新技术企业创新绩效的直接作用和层次间的调节作用。

#### 10.3.1.3 理论推演方法

在对社会网络类型、双元创新模式类型、生命周期科学划分基础上，结合现有文献中所述及的相关变量进行研究，在理论上推演政府行为、企业生命周期、组织内部协作网络这 3 个角度对企业创新行为的选择及对创新绩效的影响。

#### 10.3.1.4 文本质性分析与多案例扎根分析

运用文本内容质性分析法，结合多案例扎根分析，从环境因素、结构因素、组织因素（包括组织环境与团队因素）及个体因素等方面，对国内外的相关研究文献进行整理，并抽取出能够用于度量环境因素、结构因素、组织因素（包括组织环境与团队因素）及个体因素的相关操作变量。

### 10.3.2 基础理论

本课题研究过程中所涉及的基础理论主要包括：企业生命周期理论、社会网络理论、创新系统理论与社会技术系统理论。

#### 10.3.2.1 企业生命周期理论

企业生命周期理论源于 20 世纪 50 年代，Haire[197] 最先提出了可以用生物学中的“生命周期”观点来看待企业的成长过程，认为企业的发展也符合生物学中的成长曲线。伊查克·爱迪思[198] 将企业生命周期划分为 10 个阶段，即孕育期、婴儿期、学步期、青春期、壮年期、稳定期、贵族期、官僚化早期、官僚期、死亡；并概括了企业生命不同阶段的特征，提出了相应的对策，揭示了企业生命周期的基本规律和企业生存过程中发展与制约之间的关系。

20 世纪 60—70 年代，一些研究者探讨了企业成长过程与生物成长过程的差异。Gardner[199] 指出，企业成长过程不同于生物学中的生命周期：①企业发展具有不可预期性，企业生存的时间可能很短也有可能很长；②企业发展过程中可能会出现停滞阶段；③企业可以通过变革实现再生，从而开始一个新的生命周期。Steinmetz[200] 认为企业的成长过程呈“S”形曲线，可划分为直接控制、指挥管理、间接控制及部门化组织 4 个阶段。

综合国外学者的观点，企业生命周期阶段包括萌芽期、成长期、成熟期、衰退期，为研究企业提供了动态视角。

20 世纪 90 年代至 20 世纪末，我国学者也展开了企业生命周期理论的研究。陈佳贵[201] 将企业生命周期分为：孕育期、求生存期、高速发展期、成熟期、衰退期和蜕变期。这不同于以往学者对企业生命周期的研究，不是以衰退期为终点而是在此之后企业进入了蜕变期，这个观念的提出对企业的可持续发展具有重要意义。周三多、邹统钎[202]按照企业的经营战略将企业成长历程划分为专业化、多元化和归核化3个阶段。张军[203]认为只需将企业生命周期划分成4个阶段，即创业阶段、成长阶段、成熟阶段和再生阶段。

#### 10.3.2.2 社会网络理论

社会网络理论发端于20世纪30年代，成熟于20世纪70年代，是一种新的社会学研究范式，最早由R.布朗提出，但他所探讨的网络概念聚焦于文化如何规定有界群体（如部落、乡村等）内部成员的行为，研究较为简单。

社会网络理论包括强弱联结、社会资本、结构空洞三大核心理论。Granovetter[204]最先提出了联结强度的概念，他将联结分为强弱联结两种，从互动频率、感情力量、亲密程度和互惠交换4个维度来进行区分。Bourdieu[205]首先提出的社会资本概念，认为社会资本是指个人所拥有的、表现为社会结构资源的资本财产。Burt[206]提出了结构洞的概念，认为无论是个人还是组织，其社会网络均表现为两种形式：一是无洞结构，只存在于小群体中，即网络中的任何主体与其他主体都发生联系，不存在关系间断现象；二是结构洞，网络中的某个或某些个体与有些个体发生直接联系，但与其他个体不发生直接联系，无直接联系或关系中断的现象。

随着社会网络理论的发展，学者们开始从不同视角来探讨网络对创新的影响。根据节点层次，社会网络形式可以划分为两大类：①个体与个体之间构成的网络；②组织与组织之间构成的网络。组织内部协作网络属于第一类社会网络形式，其结构特征包括网络密度、程度中心性、中介中心性。Freeman[207]指出代表中心性概念的3种形式：程度中心性、中介中心性、接近中心性；且比较并讨论了程度中心性和中介中心性。Krackhardt和Hanson[208]指出在一个网络中，中心性指数高的人会与许多行动者有关系，且在网络中拥有的非正式权利及影响力也更高，从而得到更多的社会支持。Fleming[209]认为拥有高中心性的发明人，由于其在网络中能够获取大量的信息，所以可能会产生高质量的创新。Strang和Tuma[210]指出当创新者处于中心性高的位置时，其创新更容易被采纳，因为中心性可以提供他人更多关于创新者及其创新质量的信息，上述两种因素可以降低创新采纳的不确定性[211]。Burt[206]指出中介性高的人，两两成员间的互动必须通过这个行动者的中间介绍，资源流通越多，他越占据操控资源流通的关键位置。Brass[212]指出中心位置所传递的是非正式的社会影响，因此中心位置也被视作测量声望和权利的指标之一。罗家德[213]认为网络密度代表了网络内成员彼此关系的平均力量强度，成员互动关系越多的网络，往往交换的知识和信息也越多。

#### 10.3.2.3　创新系统理论

创新系统理论将创新视为不同行动者间的互动过程，认为创新行为不是孤立存在的，是多种要素互动的关系，强调学习是创新过程中的关键要素。在创新过程中，企业不仅要和其他企业互动，更需要与非市场组织，如大学、科研院所、政府机构、金融机构等密切合作。

创新系统理论重在研究与创新相关的制度，它把一系列与技术创新的生成、扩散与应用有关的行动者所构成的网络作为主要考察对象，研究各个子系统之间（包括产学研合作系统、官产学研系统等），如何互动协调而促进创新，或者如何因不协调而阻碍创新等问题。

创新系统理论提出创新发展所需要的技术、市场和制度协调配置问题，系统中的各种要素，如大学、研究院所、企业、政府等都是嵌入在特定的经济社会制度环境中的，并非建立一系列的制度就能自发地促进创新，而是需要以创新为导向，建立和培育促进创新的制度环境，努力促进各子系统的协调才能促进创新。

因此，根据创新系统理论，在分析高新技术企业创新人员（技术开发人员、科研人员）的创新行为时，需要考虑各创新主体间（产学研合作）的合作创新方式、频率、密切程度等对创新人员创新行为的影响。

#### 10.3.2.4　社会技术系统理论

社会技术系统理论是将组织创新与技术创新列入同一个框架下进行研究的理论。该理论认为一个企业同时包括两个系统，一个是面向社会的系统，另一个是面向技术的系统。企业为了实现产出最优化，其技术系统的变革应该与其社会或管理系统的变革相适应。社会结构的变化为技术系统创新的修正或引入提供了刺激因素；而技术系统的创新也促进了社会结构的调整。因此，技术创新和社会组织领域创新的协同是持续创新的保证。

组织创新是组织变革以寻找适合本企业需要的行之有效、运转灵活、推动技术创新的过程。不适应技术创新的组织文化不仅会造成许多创新项目失败，而且会造成企业具有较高的死亡率。

组织创新往往更易于引发随后的技术创新，从长期视角来看，组织创新对企业整体绩效的影响力要大于技术创新。研究发现企业间开发新产品效率的差异不是由于研发资源的投入，而是由于是否有效利用研发资源。组织创新与技术创新的协同是技术创新效率的保证。

在技术创新与组织创新协同发展过程中，会产生一个与其相称的新动力机制，以及相应的能力、组织结构与战略等。技术创新与组织创新的协同作用体现在组织结构及由此形成的交流机制与技术创新的协同效应上，组织结构决定企业的责任和权力分配、交流机制、管理制度和运作工艺，从而在创新决策、运作机制和效率上影响技术创新。同时技术创新也是不断调整组织结构的过程，企业技术创新的构思应与组织结构发展相适应；企业会优先进行组织创新，进而确定技术创新的方式与机制。

根据社会技术系统理论，社会结构变革会促进技术创新。因此，在组织层面需要考察战略双元、组织内部协作网络等，如创新成果收益分配制度与创新激励制度等对创新主体创新行为的影响。

# 第 11 章

# 文献综述

梳理本课题相关的研究文献，发现主要的研究内容有：政府和市场对企业创新行为的影响、不同生命周期阶段企业创新行为的特征、战略双元对企业创新绩效的影响、组织内部协作网络特征对双元创新的影响。

## 11.1 政府和市场对企业创新行为的影响

研究者集中探讨政府政策与市场因素的变化对企业创新行为的影响。

### 11.1.1 政府行为对创新行为的影响

从现有研究可以了解到，政府大致以以下 4 种方式进行宏观调控：第一，政府对特定产业的财税扶持政策；第二，政府的税收管制政策[214]；第三，企业管理者与政府官员的关系（即政企互动）；第四，政府科技机构主动引导帮助企业进行创新活动的行为。

学者沈弋、徐光华和钱明[186]发现对于国有企业来说，政府的财政补贴对研发投入呈显著正相关，且研发投入与扩张型绩效亦是显著正相关，而收益型绩效则相关性不明显；对民营企业来说，政府的财政补贴与研发投入相关性不明显，研发投入与收益型绩效显著正相关，与扩张型绩效相关性不明显。翟淑萍、毕晓方[215]提出财政补贴对企业创新投资具有激励效应，且对企业探索式创新投资具有更强的激励效应。Mathias Beck[216]等学者在研究中发现政府的研发补助只是对企业的探索性创新有着显著的影响。Feifei Yu[217]认为对于科技型中小企业来说，政府补助在短时间内促进企业由开发性创新向探索性创新转变，而获得较少政府补助的企业在很长一段时间内很少有创新活动。但 Yang Yi[218]等学者验证出政府补助与企业创新呈负相关关系。

张峰、王睿[219]研究发现以税收负担刻画的政府管制（政府视角）和以企业与政府打交道时间刻画的政府管制（企业视角）[220]均负向调节探索式创新与新产品研发绩效的关系，正向调节开发式创新与新产品研发绩效的关系。

李小静、孙柏[185]研究发现政府干预与技术创新呈倒“U”形关系；政府干预对于应用性创新初期具有显著性促进作用，当干预超过最优值时，反而抑制其创新；对探索性创新初期具有抑制作用，当干预达到一定程度，有助于促进其增加。

还有一些学者从政府机构主动引导帮助企业进行创新活动这一角度出发研究政府行为。龙静、黄勋敬和余志杨[221]认为通过中小企业与服务性中介机构建立紧密关系来搜索知识，可以用来解释政府支持行为对于中小企业创新绩效的影响机制。不少研究者认为，中介组织在技术转移过程中扮演了重要的角色。例如，Morgan[222]指出，硅谷的特殊之处不仅仅是这里积聚了许多熟练工人和工厂，也在于这里有许多中介机构——包括斯坦福大学、贸易协会、大量的专业咨询机构及风险投资公司等。这些机构作为中介，提供了技术、金融和网络服务，使得这些企业得以持续发展和不断创新。孙德梅等[223]认为政府对研发投入缺乏市场引导，对创新绩效提升的作用稳定性较差，应该注重政府作用、市场与技术创新的有机结合。

### 11.1.2　市场因素对创新行为的影响

市场因素与政府行为相比同样重要，二者有机的结合会使企业绩效得以更显著的提升。市场大致以以下 3 种方式进行宏观调控：第一，市场竞争（压力和资源）；第二，资本市场业绩预期压力；第三，市场导向。

沈弋、徐光华和钱明[186]发现对于国有企业来说，市场竞争对研发投入相关性不明显，而研发投入与扩张型绩效显著正相关，收益型绩效相关性不明显；对民营企业来说，市场竞争与研发投入显著正相关，研发投入与收益型绩效显著正相关，而扩张型绩效相关性不明显。翟淑萍、毕晓方[215]认为资本市场业绩预期压力的增加会显著促进财政补贴对企业应用性创新投资的激励效应；当企业面临产品市场竞争与资本市场业绩预期双重压力时，财政补贴对企业应用性创新投资的激励效应更明显。

Christensen[224]指出不同的技术（新技术和成熟技术）和市场（新市场和原有市场）组合，其绩效大不相同。伍勇、梁巧转和魏泽龙[183]以破坏性创新理论为基础，得出在中国企业从事探索性技术创新对于企业绩效的促进作用并不显著，因此，单单进行探索性技术创新并不能提高企业的绩效，只有在技术探索的同时进行前瞻性的市场导向，才能促进企业绩效的增长。应用性技术创新虽然能促进绩效的增长，但是其促进作用不显著，而当反应性市场导向与之组合时，对绩效的促进作用显著。胡泓[225]认为先动型市场导向与探索型创新正相关，与开发型创新负相关；响应型市场导向与探索型创新负相关，与开发型创新正相关。

## 11.2 不同生命周期阶段企业创新行为的特征

主要包括生命周期的界定标准及相关的测量指标、生命周期对企业创新行为的影响。

### 11.2.1 生命周期的界定及指标

学者们从不同的角度研究了生命周期的指标。Lewis和Churchill[226]从企业规模和管理因素两个维度描述了企业各个发展阶段的特征，提出了一个五阶段成长模型。李业[227]按照企业的销售额把企业发展分为初生、成长、成熟和衰退4个阶段。

谭竟聪[228]提出对企业生命周期的不同阶段进行分类，可以把指标分成财务类指标和非财务指标。Dickinson[229]认为企业的财务特征具有明显的生命周期性，而现金流量信息是反映财务特征的重要指标，因此利用营业活动现金流、投资活动现金流、筹资活动现金流的不同组合来考察企业的生命周期。伊查克·爱迪思认为可以用企业生命周期理论的4个管理角色（P，A，E，I）的指标去衡量企业发展状况，通过问题来判断企业是否明显存在某个管理角色。宋常、刘司慧[230]运用财务综合指标法、现金流分类组合法和销售与资本支出曲线趋势变化法，对近年来中国A股上市公司的生命周期进行定量划分。李云鹤、李湛[231]在考虑行业异质性的条件下，采用营业收入增长率、留存收益率、资本支出率（存货净额增加值与固定资产净额增加值之和除以总资产）及企业年龄综合打分法来进行划分。

### 11.2.2 生命周期对企业创新行为的影响

从已有研究来看，企业生命周期的各个阶段对企业的创新行为有不同的选择。张军[203]认为从应用性创新到探索性创新是一个量变到质变的过程，而这两类创新会在企业的技术创新、业务模式创新和产品创新等诸多层面上反映出来。第一，初创期，对于技术创新、业务模式创新、产品创新来说企业往往都采取探索性的创新策略。第二，成长期，对于技术创新来说该时期的企业以引进、改良、应用性创新为主，也可能包含一些探索性的技术创新；但对于业务模式创新来说可能创新是应用性的；对于产品创新来说是应用性创新策略。第三，成熟期，对于技术创新来说该时期的企业从应用性创新向探索性的技术创新转变；对于业务模式创新来说是应用性的；对于产品创新来说可能是应用性创新策略。第四，蜕变期，对于技术创新、业务模式创新和产品创新来说企业往往均采取探索性的创新策略。

王寅[232]认为在产品生命周期的发展过程中，应用性创新是随着生命周期的变化而同向变化的，而探索性创新是随着生命周期的变化反向变化的，且其创新投入的下降和提升均存在延迟性，结束也均存在预期性。王寅等[195]研究发现在生命周期的引入期和成长期，应用性创新与绩效呈正相关，探索性创新则相反；而在成熟期和衰退期，应用性创新与绩效呈负相关，探索性创新与绩效呈正相关。

胡泓[225]认为企业在初创期，是以营销上的探索性创新和技术上的应用性创新为主；在发展期，企业营销和技术上均以探索性创新和应用性创新并重；而成熟期，企业无论是营销上还是技术上都是以应用性创新为主；在企业的重生/转型期，双元创新模式在营销和技术上的探索性创新占主体地位。

王一舒等[233]研究表明政府补助与生命周期匹配，能够显著影响创新绩效；其中，政府补贴对初创期和成长期企业的创新绩效的激励效应最显著；而税收优惠政策对生命周期各阶段企业的创新效率和创新效果的激励效应都显著，并且对成熟期企业的创新绩效影响更显著。

## 11.3 战略双元对企业创新绩效的影响

主要包括战略双元的界定及测量指标，战略双元对企业创新绩效的影响。

### 11.3.1 战略双元的界定及指标

早期的研究认为企业很难同时兼顾两种创新活动，在某一时间段，企业只能将主要的精力放在其中一个上面。但是从 20 世纪 70 年代以来，开始有学者追求二者的平衡，即战略双元。Raisch 和 Birkinshaw[234]认为战略双元是指企业同时兼顾两种具有竞争关系的战略活动的能力。刘自升[235]把战略双元进一步细分为联合二元性和平衡二元性。Simsek[236]认为网络关系能够赋予组织互补的信息和资源优势，这种优势可能会有利于组织形成战略双元。Borgh 和 Schepers[237]认为企业可以形成探索和应用并重的二元型领导，根据情境的不同引导员工在探索性和应用性任务中灵活切换工作模式。

从已有文献来看，大多数学者都是理论化地将探索能力与应用能力割裂，单纯地分析其中一方面在组织创新过程中的作用。然而在实际过程中组织单单具备探索能力或应用能力是不够的，必须同时拥有两种能力[238]。孙永磊等[239]研究结果表明，应用能力和适度的探索能力有利于合作创新绩效的提升；除双元能力的整体水平外，双元能力的差异不平衡和交互均衡均有利于企业获取持续竞争优势。Patel[240]也研究表明探索创新和应用创新的单一发展可能导致成功陷阱和失败陷阱从而对组织产生不利影响，而两者平衡的发展则对创新绩效有着显著的积极影响。何洁等[241]认为企业需要重视双元创新能力的平衡，企业探索创新和应用创新的平衡是实现企业绩效和长期可持续发展的重要来源。

Uotila、Maula和Kei1[242]运用了内容分析法来衡量双元性，以explore、search、variation、risk、experiment、play、flexible、discover、innovate来代表组织的探索创新活动；以exploit、refine、choice、production、efficient、select、implement、execute来代表组织的开发创新活动，以这些关键词在年度报告中出现的频次作为刻画两种创新活动的指标。组织的战略双元表现为两种创新的平衡，在计算上以两种创新指标的乘积来表示。从已有文献来看，大部分学者还是采用问卷题项来获取数据，吴亮等[243]基于Cao[244]等的研究，采用题项用李克特 5 点打分法，也使用两种创新指标的乘积来测量双元创新，乘积值越高表明双元创新程度越高。Lavie等[245]使用探索（利用）创新的占比或者探索（利用）与利用（探索）之间的比例来测度战略双元。Cao采用探索和利用差项的绝对值来表征战略双元。Jansen等[246]采用和项或者乘积项来测度战略双元。

## 11.3.2　战略双元对创新绩效的影响

近 10 年来，学者们针对探索、应用及战略双元对绩效的影响展开大量研究，但得出的结论并不统一。部分学者认为，探索和应用的平衡能够增强组织的环境适应性。例如，He等[247]研究发现，探索性创新和应用性创新的平衡与企业绩效呈正相关；Lubatkin等[248]研究指出，探索性战略和应用性战略的平衡有利于实现组织绩效的提升；Jansen[249]认为通过有效的组织结构设计、流程和文化匹配，探索和应用能够相结合并发挥协同作用，从而更有助于组织获取长期竞争优势。Benner 和 Tushman[175] 认为探索性创新与应用性创新共同对企业绩效起到促进作用，两者之间存在竞争性和互补性，合理、有效地进行探索性创新与应用性创新能够为企业带来更多的效益与竞争优势。

然而，仍有研究指出，对探索和应用进行平衡需花费巨大的协调成本，反而有损组织绩效；Bierly[250] 等以美国制造业为例进行实证研究，发现探索和应用的平衡与企业绩效呈正相关的假设不成立；Ghemawat[251] 等进一步指出探索和应用的平衡会对绩效产生负向影响。刘自升认为联合二元性正向作用于企业创新绩效；而平衡二元性负向作用于企业创新绩效。由此可见，探索、应用及其二元战略对绩效的影响较为复杂，可能受到一系列组织内外部因素的影响。

国内学者从网络惯例、资源组拼、股权性质等方面研究组织内外因素对战略双元和绩效的影响。孙永磊等[239]研究结果表明，与探索能力相反，网络惯例正向调节应用能力与合作创新绩效之间的关系；在双元能力与合作创新绩效之间，网络惯例的正向调控作用均得到验证。吴亮等[243]研究发现采取双元创新战略的企业与资源组拼显著正相关；而资源组拼与企业绩效亦是显著正相关关系。王益民、梁萌[252]研究得出战略双元与组织财务绩效显著正相关；股权性质的不同会影响企业战略双元；高管持股比例与战略双元没有显著的相关关系。

国外学者从产业环境、行业性质、资源丰裕度等角度展开了分析。Yamakawa 和 Yang[253] 研究表明企业处于产业增长的环境下，探索性联盟的企业更有竞争优势。Blindenbach-Driessen 和 Ende[254] 研究了不同行业的组织动态性的影响情况，具体而言他们研究了战略双元在制造业和服务业中的作用情况，结果发现战略双元在制造业中呈现显著的正向影响，但是在服务业中没有显著影响。Jansen 等[246]通过研究分析验证了资源丰裕度对战略双元与企业绩效的正向调节作用。Lavie 等[245]通过分析证明，当企业规模越大时，战略双元越能增强企业的竞争优势。Menguc 和 Auh[255] 研究表明当企业市场导向高时，战略双元对企业绩效的影响效果会增强。

## 11.4　组织内部协作网络特征对双元创新的影响

主要涉及的研究内容有：组织内部协作网络的界定标准及测量指标，组织内部协作网络对企业创新行为的影响。

### 11.4.1 组织内部协作网络的界定及指标

从现有研究对组织内部协作网络的定义来看，组织内部协作网络是组织内发明人间协作关系的网络，是一种非正式组织结构，反映了组织内部知识的交换[256]，正式和非正式组织结构的区别，学界早有研究。

Chandler[257]引入社会网络的概念来界定正式与非正式组织结构，认为正式社会网络是由管理体系描述和强制产生，通常由企业战略和使命约束并定义，而非正式社会网络则是不受监管的有机结构，能够联结无限定的个人成员。Wuchty等[258]指出企业内部发明人之间的协作关系正日益成为组织内部知识活动的核心要素，发明人之间的连带可被视为非定向的沟通管道[211]，因而组织内部协作网络可以反映组织内部的知识交换模式[256]。吴晓波等[259]指出协作网络密度是整体网络结构方面的研究焦点，表示的是研发人员之间彼此协作关系的平均强度，如果企业的协作网络密度很大，会造成拥挤效应和溢出效应进而降低企业的创新绩效。

对于衡量组织内部协作网络密度的指标，郭瑞[260]选择使用$T$-3到$T$-1时期的专利，来构建$T$期的组织内部协作网络[256]。$T$期组织内部协作网络密度$x=\dfrac{2l}{g(g-1)}$。其中，$l$表示组织内部协作网络的边数，$g$表示组织内部协作网络的点数（也即发明人个数）。$x$取值范围为0～1，密度越大，表示发明人间平均互动程度越高。

### 11.4.2 组织内部协作网络对企业创新行为的影响

通过组织内部协作网络研究内容，可以知道组织内部协作网络结构特征包括网络密度、程度中心性和中介中心性，但大多数学者将研究集中于网络密度。例如，郭瑞[260]研究表明组织内部协作网络密度正向调节探索性搜索与创新产出影响力间的关系；而组织内部协作网络分离度负向调节探索性搜索与创新产出影响力间的关系。刘自升[235]将战略双元分为平衡性双元和联合双元，并分别研究了企业内部协作网络密度是如何调节组织二元性与企业创新绩效之间的关系的，得出企业内部协作网络密度负向调节平衡二元性与企业创新绩效之间的关系；且负向调节联合二元性与企业创新绩效之间的关系。许慧敏等[261]指出组织间关系网络对应用性创新具有正向作用，网络中心度、网络规模与探索性创新显著正相关，网络连接强度与探索性创新关系不显著。

## 11.5　文献评述

通过对以上文献的综合分析可以得到以下几点。

首先，从现有文献来看，学者们主要研究了生命周期理论对双元创新的影响，以及政府行为对双元创新的作用，但大多数学者都是从企业生命周期的各个阶段对双元创新进行探讨，或者从政府行为的各个角度来研究其对双元创新的影响，很少有人以生命周期作为调节变量来研究政府行为对双元创新的影响。

其次，从战略双元对绩效的影响研究来看，学者们得出的结论并不统一，He 等[247]认为战略双元与企业绩效呈正相关；但 Bierly 等[250]以美国制造业为例进行实证研究，却发现战略双元与企业绩效呈正相关的假设不成立；Ghemawat 等[251]进一步指出战略双元会对绩效产生负向影响。由此可见，战略双元对绩效的影响较为复杂，可能受到一系列组织内外部因素的影响。

最后，有关组织内部协作网络的研究文献，着重于探讨网络密度、分离度分别对双元创新、战略双元及绩效的研究，很少有学者研究组织内部协作网络结构特征分别对双元创新的影响。

# 第12章 山西省高新技术企业创新行为特征分析

截至2015年，山西省高新技术企业数量为715家，仅占中部地区的6.36%。其他5个省份的高新技术企业数量分别为：安徽省3100家、江西省1082家、河南省1339家、湖北省3242家、湖南省1771家。同期，全国共有高新技术企业76 141家，山西省高新技术企业数量仅占0.939%。排名前3位的省市分别为：北京10 881家、广东省10 649家与江苏省10 587家，山西省则不足这些省（市）的1/10。

企业创新行为会呈现多个方面的特点，结合相关数据分析，可以从创新研发的技术方向、针对的对象及自主创新的类型等角度，对山西省高新技术企业创新行为的特征进行分析。

## 12.1 以开发性创新为主，兼顾探索性创新

探索式创新旨在研发全新的产品和服务，以满足新兴顾客和市场的需求，确保企业的长期收益；挖掘式创新通过延伸当前产品和服务，进一步满足和扩大已有顾客群，增强短期利益的攫取[247]。

如何衡量开发性与探索性创新行为，成为近几年来一些学者考虑与探讨的问题，从数据的客观性与代表性，他们提出用专利数据衡量开发性与探索性创新行为。例如，徐露允[262]基于专利分类号数据来衡量；杨雪等[263]用不同类型专利申请数来衡量企业开发性创新和探索性创新。考虑到发明专利对于市场来说是新的开发，需要较广的知识整合，可体现企业的探索性创新活动；实用新型与外观设计专利多集中于技术改进，可体现企业的开发性创新活动[264]。因此，借鉴这些学者的观点，用发明专利数衡量山西省高新技术企业的探索性创新行为，用实用新型与外观设计专利数衡量山西省高新技术企业开发性创新行为。

### 12.1.1　山西省高新技术企业更加关注开发性创新

2018 年 7 月在 Soopat 专利数据库中检索并获得了 2012—2016 年山西省高新技术企业的专利数据，具体数据及变化趋势如图 12-1 所示。

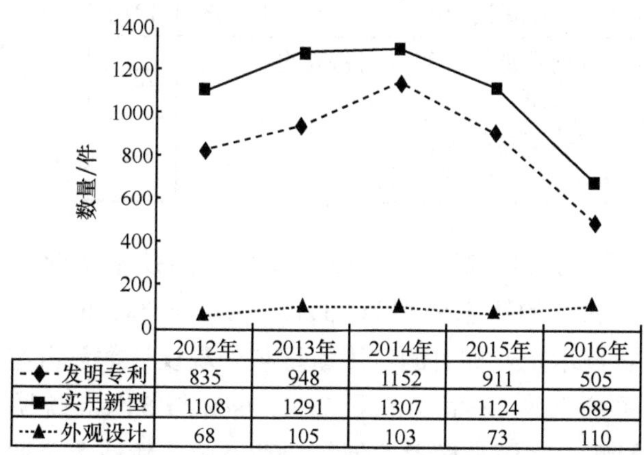


| | 2012年 | 2013年 | 2014年 | 2015年 | 2016年 |
|---|---|---|---|---|---|
| 发明专利 | 835 | 948 | 1152 | 911 | 505 |
| 实用新型 | 1108 | 1291 | 1307 | 1124 | 689 |
| 外观设计 | 68 | 105 | 103 | 73 | 110 |

**图 12-1　2012—2016 年山西省高新技术企业的 3 种专利数据**

由图 12-1 可以看出，2012—2016 年山西省高新技术企业的发明专利与实用新型的数量均呈现先上升随后下降的趋势。2014 年，山西省高新技术企业的发明专利数量与实用新型数据均达到最高，分别为 1152 件与 1307 件；在 2016 年，这两项专利数量均降为最低值，分别为 505 件与 689 件。而外观设计则呈现相对平滑的上下波动，2016 年山西省高新技术企业的外观设计数量达到最高值，为 110 件，且 5 年间外观设计的数量基本围绕在 100 件左右变化。

2012—2016 年，用来衡量山西省高新技术企业开发性创新行为的实用新型与外观设计专利数量占专利总数的比例均高于 50%，分别为 58%、60%、55%、57% 与 61%。说明在这 5 年间，山西省高新技术企业主要以开发性创新为技术研究的方向，而在探索性创新方面的研究相对不足。

### 12.1.2　新技术企业是山西省高新技术企业开展创新活动的主体

2012—2016 年，不论是发明专利数量还是实用新型与外观设计的数量，山西省新技术企业拥有的量均超过了山西省高技术企业的拥有量（表 12-1）。

表12-1　2012—2016年山西省新技术企业3种专利数量及比例

| 类型 | 年份 | | | | |
|---|---|---|---|---|---|
| | 2012 | 2013 | 2014 | 2015 | 2016 |
| 发明专利/件 | 653 | 764 | 747 | 582 | 323 |
| 实用新型与外观设计/件 | 863 | 1014 | 911 | 730 | 488 |
| 新技术企业的发明专利数量占发明专利总数的比重 | 73% | 73% | 65% | 61% | 61% |
| 新技术企业的实用新型与外观设计的数量占实用新型与外观设计总数的比重 | 78% | 81% | 65% | 64% | 64% |

从表 12-1 可以看出，2012—2016 年山西省新技术企业拥有的发明专利数量占发明专利总数的比重分别为 73%、73%、65%、61% 与 61%；2012—2016 年山西省新技术企业拥有的实用新型与外观设计数量占实用新型与外观设计总数的比重分别为 78%、81%、65%、64% 与 64%。说明这 5 年间，不论是在开发性创新活动还是探索性创新活动方面，新技术企业是山西省高新技术企业创新活动的主体，高技术企业的开发性与探索性创新活动成果均低于新技术企业。

### 12.1.3　新技术行业与高技术行业均崛起了一些典型创新企业

新技术行业涌现了一批积极开展创新活动的代表性企业。道路运输业以山西昊业新材料开发有限公司为代表，专利总数仅为 5 件；电气机械和器材制造业以长治市澳瑞特欣鑫健身器材有限公司为代表，专利总量为 45 件；化学原料及化学制品制造业以山西青山化工有限公司为代表，拥有专利数量为 52 件；通用设备制造业以山西巨龙风机有限公司为代表，拥有专利数量 85 件；汽车制造业以长治市永华机械有限公司为代表，其拥有的专利总数达到了 150 件；赛鼎工程有限公司高居房屋建筑业之首，拥有 240 件专利；交通运输设备制造业以中国北车集团大同电力机车有限责任公司为首，专利总数达到 285 件；山西潞安环保能源开发股份有限公司是山西省新能源、环保与新材料行业的领头羊，专利数量高达 418 件；专用设备制造业以太原重工股份有限公司为代表，专利数远超其他公司高达 762 件；山西太钢不锈钢股份有限公司作为山西省有色金属冶炼业的龙头企业，专利总数达到了 1470 件[265]。

相比新技术行业，高技术行业的代表性企业略显劣势。通信设备计算机制造业以长治虹源光电科技有限公司为代表，专利总数为 19 件；亚宝药业集团股份有限公司作为山西省医药制造行业的领头羊，专利总数达到了 58 件；电子及通信设备制造业以山西光宇半导体照明股份有限公司为代表，专利总数达到 88 件；山西天地煤机装备有限公司在山西省仪器仪表及文化、办公用机械制造业中独占鳌头，专利数最高，为 318 件。

## 12.2　重视原始创新的积累，辅以二次创新

企业对原始创新活动的资源投入情况可以衡量企业对原始创新的重视程度。企业原始创新投入主要包括人力资源投入和财力资源投入两部分，其分析评价指标分别采用R&D人员全时当量和R&D经费内部支出。

### 12.2.1　原始创新是山西省高新技术企业创新活动的主要方向

2012—2015 年，山西省高新技术企业R&D经费内部支出占其科技活动经费的比重分别为：99.73%、93.16%、96.92%与 96.82%，说明山西省高新技术企业更加关注原始创新活动。

表 12-2 列示了 2012—2015 年山西省高新技术企业科技活动经费的支出情况。从表 12-2 可以看出，虽然 5 年间山西省高新技术企业的R&D经费内部支出呈下降趋势，但R&D活动始终是企业开展创新活动的主要类型；而 2015 年企业消化吸收投入相对增加，则有利于提高企业技术引进的效果。

**表12-2　2012—2015年山西省高新技术企业科技活动经费支出**　单位：万元

| 经费支出类型 | 2012年 | 2013年 | 2014年 | 2015年 |
|---|---|---|---|---|
| 引进技术经费支出 | 122 | 2932 | 891 | 474 |
| 消化吸收经费支出 | 0 | 387 | 0 | 600 |
| R&D经费内部支出 | 45 447 | 45 194 | 28 051 | 32 701 |

### 12.2.2　山西省高新技术企业的原始创新水平在中部地区处于落后位置

从人力资源投入来看，2012—2015 年山西省高新技术企业R&D人员投入呈波动下降趋势，山西省高新技术企业R&D人员占全国高新技术企业R&D人员的比重、山西省高新技术企业R&D人员占中部地区高新技术企业

R&D人员的比重也呈现相同的变化特征（图 12-2）。

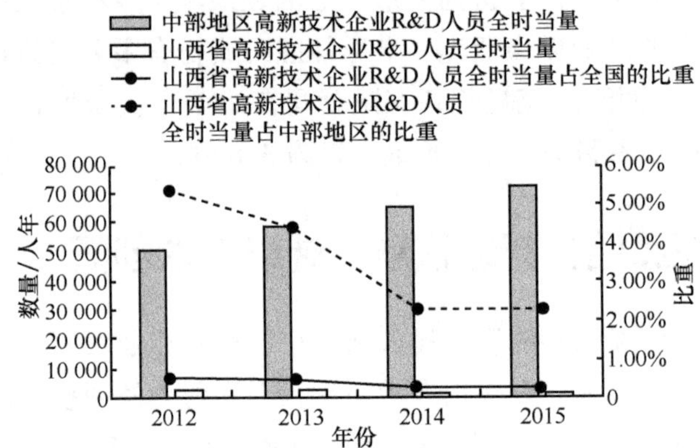


图 12-2 2012—2015 年山西省高新技术企业 R&D 人员投入

从图 12-2 可以看出，2012—2015 年山西省高新技术企业的R&D人员投入呈下降趋势，特别地，其在中部地区的比重从 2012 年的 5.36% 下降为 2015 年 2.29%；其全国的比重更是低于 0.6%。

从财力资源投入来看，2012—2015 年山西省高新技术企业R&D经费内部支出也呈波动下降趋势，2012 年R&D经费内部支出最高，为 45 447 万元；2014 年下降到最低点 28 051 万元（图 12-3）。

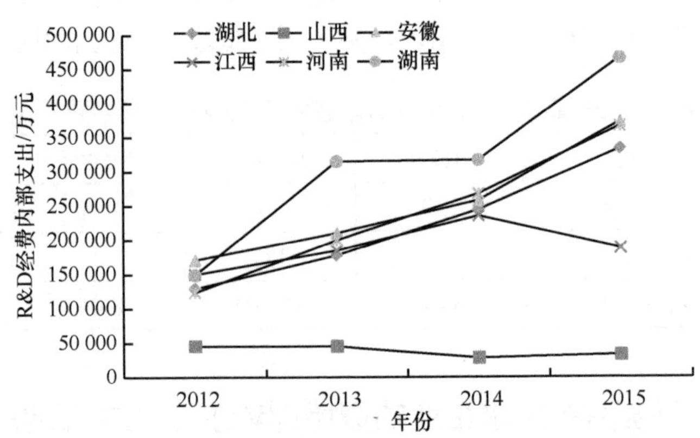


图 12-3 2012—2015 年中部六省高新技术企业 R&D 经费内部支出

从中部地区来看，2012—2015 年山西省高新技术企业R&D经费内部支出均低于其他五省；在中部地区R&D经费内部支出的比重从 2012 年的 6.28%，下降为 2015 年的最低点 1.89%。说明与其他省份相比，山西省高新技术企业的原始创新能力相对薄弱。

### 12.2.3　山西省高新技术企业的二次创新在中部地区略有优势

引进技术经费支出与消化吸收经费支出可以衡量企业对再创新或二次创新的投入程度。图 12-4 与图 12-5 分别列示了 2012—2015 年中部六省高新技术企业引进技术经费支出与消化吸收经费支出情况。

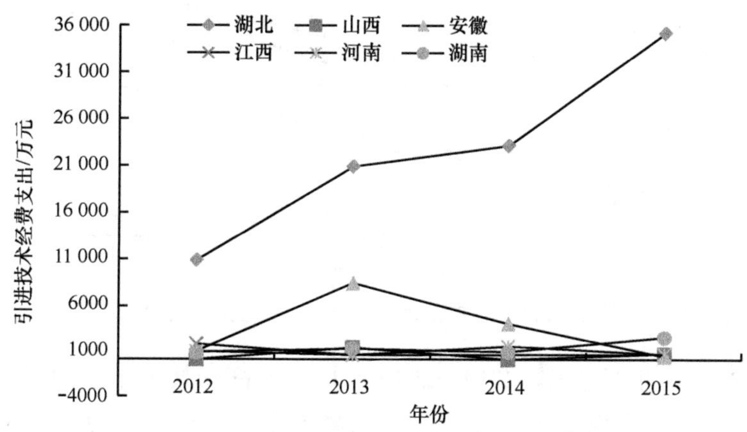


**图 12-4　2012—2015 年中部六省高新技术企业引进技术经费支出**

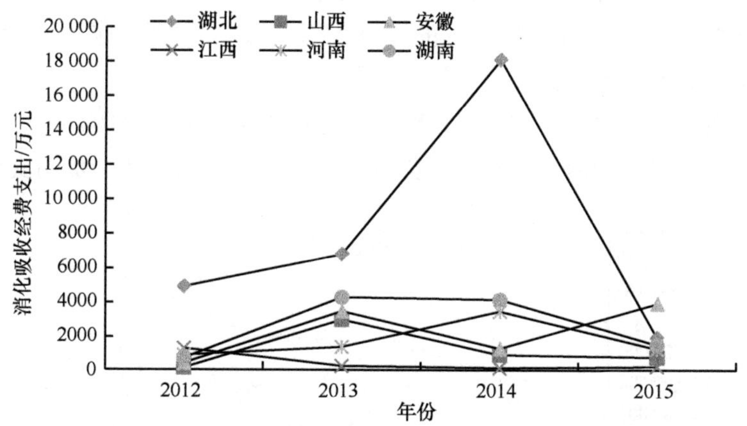


**图 12-5　2012—2015 年中部六省高新技术企业消化吸收经费支出**

从图 12-4 与图 12-5 中可以看出，2015 年山西省高新技术企业引进技术经费支出居中部六省的第 3 位，略高于江西、河南与安徽；2015 年山西省高新技术企业消化吸收经费支出居中部六省的第 5 位。

## 12.3 注重产品创新，统筹工艺创新

新产品开发经费支出情况可以衡量企业对产品创新的重视程度。图 12-6 列示了 2012—2015 年中部六省高新技术企业新产品开发经费的支出情况。

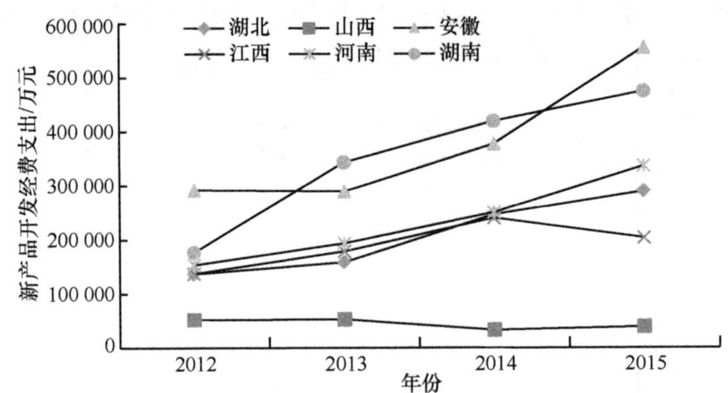


图 12-6　2012—2015 年中部六省高新技术企业新产品开发经费支出

从图 12-6 可以看出，2012—2015 年山西省高新技术企业的新产品开发经费支出呈波动下降趋势，2013 年达到最高值，为 53 290 万元；2014 年下降为最低值，为 33 169 万元；2015 年略有回升。从中部六省来看，山西省高新技术企业的新产品开发经费支出居末位，5 年间山西省高新技术企业的新产品开发经费支出占中部地区的比重均低于 6%，说明山西省高新技术企业的产品创新水平有待提升。

技术改造经费支出情况可以衡量企业在工艺创新方面的投入程度。图 12-7 列示了 2012—2015 年中部六省高新技术企业技术改造经费的支出情况。

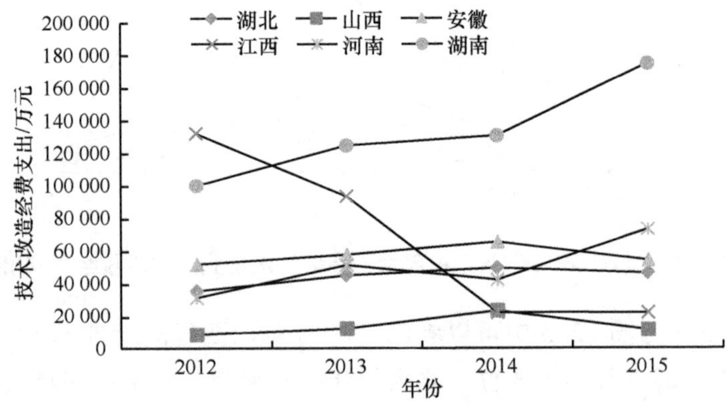


图 12-7　2012—2015 年中部六省高新技术企业技术改造经费支出

从图 12-7 可以看出，2012—2015 年山西省高新技术企业的技术改造经费支出呈先上升后下降的趋势，2014 年达到最高值，为 22 943 万元；而在 2015 年却下降为 11 130 万元。从中部六省来看，山西省高新技术企业的技术改造经费支出居末位，5 年间山西省高新技术企业的技术改造经费支出占中部地区的比重均低于 8%，说明山西省高新技术企业的工艺创新水平有待提升。

另外，分析图 12-6 与图 12-7 可以看出，2012—2015 年山西省高新技术企业新产品开发经费支出占新产品开发与技术改造经费支出之和的比重分别为 86%、81%、59% 与 78%。说明，山西省高新技术企业更加注重产品创新活动，同时统筹考虑了工艺创新活动的投入。

# 第 13 章 山西省高新技术企业创新行为与创新绩效的实证研究

改革开放 30 年，资源型高新技术企业对我国国民经济发展起到了非常重要的作用[266]，但在资源枯竭和生态环境不断恶化的背景下，资源型高新技术企业受到了前所未有的挑战。如何突破自然资源与生态环境对其发展的约束，是资源型高新技术企业亟须解决的问题。2016 年 5 月《国家创新驱动发展战略纲要》发布，明确提出要突破煤炭、石油、天然气等化石能源的清洁高效利用技术瓶颈，提升能源利用效率，推动能源应用向清洁、低碳转型。低碳创新转型，成为资源型高新技术企业实现可持续发展的必由之路。

涉煤高新技术企业是资源型高新技术企业的重要组成部分。据国家统计局数据，2015 年规模以上涉煤高新技术企业的资产总额为 53 788.47 亿元，主营业务收入达到 23 770.31 亿元，分别占资源型高新技术企业总资产与总收入的 55.09% 与 45.45%，但其利润总额为 405.07 亿元，仅占资源型高新技术企业的 15.94%。利润占比过低，源于创新驱动不足，涉煤高新技术企业产品结构单一，亟待改变生产方式。

山西省作为国家新型综合能源基地，涉煤产业是其支柱产业之一。2015 年山西涉煤产业增加值占地区生产总值的 46.8%。长期以来的煤炭粗放式开采与利用对经济社会、环境造成了巨大的压力，涉煤高新技术企业的低碳创新发展成为山西省促进供给侧结构性改革的差异化策略之一。因此，本文以山西省典型的涉煤高新技术企业为研究样本，采用多案例扎根分析方法，探讨资源型高新技术企业低碳创新行为的驱动因素，深入分析资源型高新技术企业开展低碳创新活动的机理，以期为资源型高新技术企业开展低碳创新活动提供理论支持，有效促进资源型地区经济转型升级发展。

## 13.1 文献回顾

国内外关于影响企业创新行为的研究包括以下几个方面：探讨创新人员、创新团队及组织特征对企业创新行为的影响；运用组织社会学方法研究其他相关组织对企业创新行为的影响；侧重分析组织制度及政府政策对企业创新行为的影响。

### 13.1.1 创新人员、创新团队及组织特征对企业创新行为的影响

研究者通过探究科研人员的创新动机，进而分析其对企业创新行为的影响。根据ERG理论，可以将创新人员的创新动机划分为两类：内在动机与外在动机。内在动机可以使个体从事创新活动时产生有趣、令人愉悦的感觉，即由个体内心产生的驱动力；外在动机是从事创新活动可以获得的外部好处，如奖励、社会认可、关系需求、职业发展等。内在动机对创新行为会产生正向影响的作用，Thompson[267]认为内在动机是产生创造力的必要条件之一。科研人员的内在动机越强烈，则工作中会越积极，产生的创新行为会越多[268]。外在动机也会对创新行为产生有利影响，Sonenshein[269]认为组织的外在激励可以增强、激发员工的内在动机。外在动机高的员工相对于外在动机低的员工来说，其创新意愿更容易被诱发，更容易产生较多的创新行为[270]。

团队与组织因素会对创新人员的内外动机产生作用，进而影响创新活动。Amabile等[271]提出了影响创新人员创新动机的组织微观环境因素，如组织与主管的认可与鼓励、工作团队支持、工作的自由度与挑战性、工作所需要的资源等。Shalley等[272]从组织制度与人际关系的角度分析影响创新人员创新动机的微观环境因素，如绩效评估、奖惩制度及与主管和同事的关系等。后续的研究者对组织微观环境因素进行了进一步的归纳，提出组织特性（如组织文化、组织创新氛围、组织结构、奖励机制、反馈机制、收入分配制度等）[273-276]、任务特性（如工作自主性、挑战性工作、决策权等）[277-278]、团队协作与领导特征（如同事友谊、团队合作、团队领导、团队风格等）[279]会对创新人员的创新动机产生影响。

### 13.1.2 相关组织对企业创新行为的影响

从系统论的角度来看，企业创新并不是孤立的，而是与其他创新主体

不断互动、学习的过程[280]。Etzkowitz和Leydesdorff[281]提出“三螺旋模型”，强调企业应与高校、科研院所及政府相互作用，实现协同创新。Malerba和Orsenigo[1]提出，在创新过程中企业不仅要和其他企业互动，更需要与其他创新主体如大学、科研院所，金融机构、中介服务机构等市场组织，以及政府机构等密切合作。Freeman[2]认为产学研合作、官产学研金等系统的互动程度及协调水平均会影响企业创新。Bartels和Koria[282]提出在非洲这类不发达地区，政府、知识创造机构及投资机构，对中高技术企业的创新活动有重要影响。

### 13.1.3 组织创新与政策对企业创新行为的影响

Damanpour和Evan[4]认为企业为了实现产出最优化，其技术系统的变革应该与其社会或管理系统的变革相适应。Damanpour和Szabat[5]提出社会结构的变化为技术系统创新的修正或引入提供了刺激因素；而技术系统的创新也促进了社会结构的调整。因此，Gells[6]指出技术创新和社会组织领域创新的协同是持续创新的保证。

Drazin等[283]学者的研究发现组织创新能够引发企业技术创新，同时组织创新对企业整体绩效的影响大于技术创新。许庆瑞[7]认为组织创新应与技术创新相适应，不适应技术创新的组织文化不仅会造成许多创新项目失败，而且会造成企业具有较高的死亡率[8]。技术创新也是不断调整组织结构的过程[284]，企业技术创新的构思应与组织结构发展相适应[11]；企业会优先进行组织创新，进而确定技术创新的方式与机制[12]。

Kimberly[13]认为管理者的创新态度、管理者特征、组织规模与环境等要素均会对企业创新产生影响。后续的一些研究发现，知识资源与组织规模对创新的影响比较显著[14]，领导者特质对创新行为具有引领与推动作用[15]。Damanpour[16]认为组织层次独特性、专业化、功能分化、中央集权化、对创新的管理态度、技术知识资源、管理强度、组织冗余、内外部沟通等因素，均会对创新产生影响。Drazin等[17]提出工作环境、财务管理等也会对企业创新产生影响。Pretorius等[18]认为管理者的民族与性别、管理经验、创业规模与企业所处的生命周期阶段等要素会对企业创新行为产生一定的调节作用。一些宏观因素也会对企业创新产生作用，Becheikh等[19]提出企业所在的行业、区域，政府规制等要素均会对企业创新行为产生影响。

### 13.1.4　文献评述

分析以上文献的研究内容，可以发现国内外关于企业创新行为影响因素的研究仅从个体、团队、组织、环境等单一的视角出发进行局部的探讨，少有文献综合分析企业创新行为的驱动因素。

涉煤高新技术企业是煤炭资源型地区的重要经济主体，承担着煤炭集约化开采、清洁利用与高附加值转化利用的作用，主要包括涉煤产业链上的煤炭开采洗选企业、煤机装备制造企业、煤化工企业、煤层气企业、煤基新材料及煤电等领域的企业。涉煤高新技术企业开展低碳创新行为不仅可以提高能源的利用效率，而且有助于实现资源型地区经济转型发展，但是现有文献并未对涉煤高新技术企业的低碳创新行为展开研究。因此，现有文献存在的不足为本文提供了研究的必要性。

## 13.2　研究设计

分析现有企业创新行为驱动因素的研究，可以发现这些研究或者采用定量的研究方法，或者采用定性的研究方法。其中，定量研究方法通常以结构方程、计量经济为主；定性研究方法以案例扎根分析为主。扎根分析是运用系统化的程序，针对所获取的某一社会现象的资料归纳出相关理论的一种方法[285]，所发现的理论能够对类似的社会现象做出预测、说明与解释[286]，它适用于缺乏理论解释或现有理论解释力不足的研究[287]。

扎根分析可以将现实中存在的但又不容易被注意到的行为模式概念化，需要将事件与事件、概念与事件进行不断的比较，以保证理论的准确性[288]，多案例扎根分析通过理论与实证两个层面的分析可以很好地实现这一目的[289]。应用多案例扎根分析方法，首先需要对所研究领域的文献进行归纳整理，形成所研究对象的理论框架；其次，选择多个典型案例进行访谈、调查，收集相关的数据、资料；最后，按照经典扎根分析的程序与步骤对所提出的理论框架进行验证与补充完善，最终形成能够解释所研究对象的完整理论[289]。

考虑到涉煤高新技术企业在市场中承担着能源供应的特殊作用，其生产与创新活动具有很强的政策指向性，其创新活动的开展与完全市场导向的企业会有较大的差异。同时，已有企业创新行为驱动因素的文献，为构建涉煤高新技术企业低碳创新行为驱动因素的理论框架提供了依据。因此，本文采用多案例扎根分析方法展开相关内容的研究。

### 13.2.1 理论框架的建立

基于文献回顾，结合多层次要素理论，构建涉煤高新技术企业低碳创新行为驱动因素框架模型（图 13-1）。模型包括 5 个层次，第一层次为个体创新动机，包括生存需要、关系需要与成长发展需要；第二层次为团队创新环境，包括团队氛围、团队领导能力与团队凝聚力；第三层次为组织创新环境，包括组织创新氛围、领导者特质、创新成果收益分配制度与创新激励制度；第四层次为中观层面，分析组织间创新活动对涉煤高新技术企业低碳创新行为的驱动作用，包括获得合作者信息、合作对象、合作方式与合作基础等因素；第五层次为宏观层次，探讨税收政策、人才政策、财政政策、金融及中介机构政策等宏观环境政策的驱动作用。

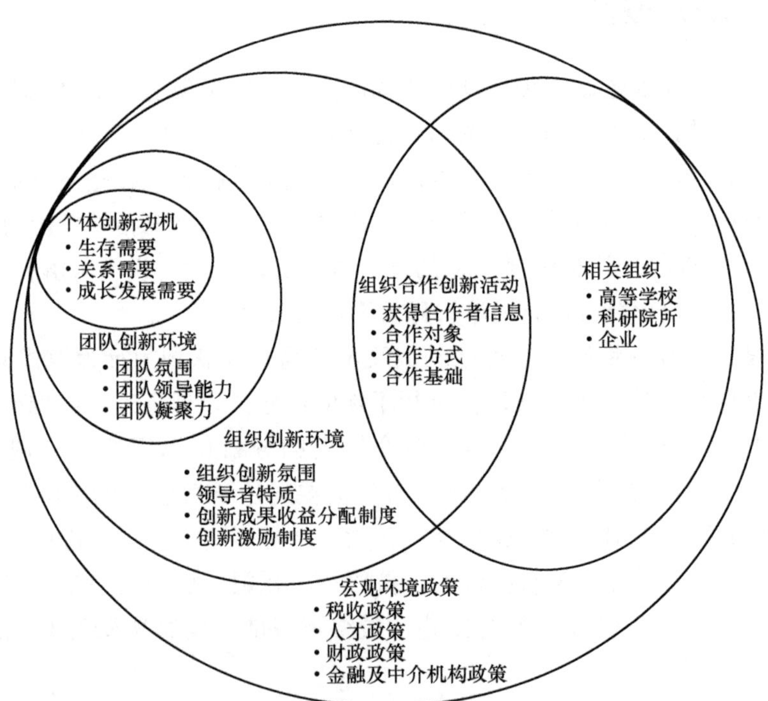


**图 13-1 涉煤高新技术企业低碳创新行为驱动因素的理论框架**

本文在该理论框架下，采用多案例扎根分析方法拟探讨以下 3 个问题：这 5 个层次的因素是否会对涉煤高新技术企业低碳创新行为起到驱动作用？如果这些因素能够起到驱动作用，那么对于涉煤高新技术企业来说这些因素是否具有与其他文献研究相同的内涵？是否还有一些理论框架以外的因素会对涉煤高新技术企业的低碳创新行为起到驱动作用？

### 13.2.2　案例选择

本文选择晋煤集团、潞安集团、山西天地煤机装备有限公司、山西新华化工有限责任公司与大众机械厂作为调研的对象。选择的依据如下。

第一，晋煤集团在全国煤炭企业中有较强的技术创新能力，拥有两家国家级技术创新机构、3 家省级技术创新机构，年研发经费投入约 3.5 亿元，累计获得专利数量 640 项。晋煤集团是山西省煤炭综合开采、发电产业链的典型制造企业，也是山西省煤层气产业创新链与山西煤机装备产业创新链中涉及的重点企业。因此，对晋煤集团进行访谈，可以了解煤炭资源综合开采、利用企业的技术创新特点与技术创新需求。

第二，潞安集团在全国煤化工企业中有较强的技术创新能力，拥有一家国家工程技术中心、一家中科院重点实验室与一家省级重点实验室，年研发经费投入约 3 亿元，累计获得专利数量 137 项。潞安集团每年知识产权成果产生的经济效益在数十亿元以上，是技术创新成果快速实现产业化的典型企业，形成了煤—电—化、煤—焦—化与煤—油—化 3 条主产业链。因此，对潞安集团进行访谈可以了解延长煤炭产业链类型企业的技术创新特点与技术创新需求。

第三，山西天地煤机装备有限公司隶属于在煤机装备领域有较强的研发能力，拥有一家国家工程实验室，累计获得专利数量 270 项，是煤矿开采、掘进、运输、支护技术与装备领域的典型研发企业。因此，对山西天地煤机装备有限公司进行访谈可以了解煤机装备领域研发型企业的技术创新特点与技术创新需求。

第四，山西新华化工有限责任公司为军转民企业，在炭材料领域有较强的技术创新能力，拥有一家省级企业技术中心，年研发经费投入约 2000 万元，累计拥有专利数量 121 项。山西新华化工有限责任公司是以煤为资源（非能源）型利用的典型高新技术企业，对其进行调研可以了解以煤为资源（非能源）型利用高新技术企业的技术创新特点与需求。

第五，大众机械厂（国营 785 厂）属国家大型军转民电子工业企业，建立了企业研究所，累计拥有专利数量 4 项。大众机械厂设立于山西缘于其对山西能源、钢材及重工业装备基础的依赖。因此，选择大众机械厂为访谈对象，可以了解对山西的能源、重工业装备基础有依赖性的企业的技术创新特点与技术创新需求。

### 13.2.3 研究方法与研究实施

为了能够了解涉煤高新技术企业低碳技术创新行为的驱动因素，选择深度访谈的方法对涉煤高新技术企业的研发负责人员进行了调研。具体调研过程如下。

第一，确定受访对象为山西省典型的涉煤高新技术企业的员工，受访对象需具备 5 年以上的技术研发或创新管理经验，熟悉研发和创新流程及企业进行技术创新活动的动机和行为。根据 Fassinger 的研究成果，为使研究结果满足理论饱和原则，样本数选取 20 ～ 30 为宜。课题组借鉴扎根理论研究的成熟经验，在保证样本理论饱和原则的前提下，选取 23 个样本。样本涵盖涉煤产业的 5 个领域，其中，煤机装备制造 5 人，电子及通信设备制造 1 人，煤基新材料 4 人，煤炭液化 9 人，煤层气开采 4 人。从职位结构看，总经理 2 人，研发部门主管 9 人，技术部门主管 5 人，高级技术研发人员 4 人，中级技术研发人员 3 人。

第二，实施多人参与的深度访谈。访谈内容主要包括企业促进技术创新的方法、阻碍企业技术创新的因素、企业在技术创新过程中需要的最重要的条件、企业技术创新及产业化过程中对政策的需求情况等，如“企业是否重视技术创新？”“企业设立的技术创新激励制度有哪些？”“政府对企业技术创新的支持形式有哪些？”“进行技术创新的关键条件有哪些”等。为保证获取翔实的一手资料，除根据访谈提纲进行提问外，还根据受访者的回答情况进行追问。

第三，对访谈资料进行整理。访谈过程中，有专人进行访谈结果记录，访谈结束后即时整理访谈记录，并由参加人员进行核实，确保访谈记录能够真实反映企业技术创新行为，获得一手数据资料。

第四，采取经典扎根分析法（图 13-2）对获取的一手资料进行开放式编码、主轴式编码与选择式编码 3 个程序数据分析。为保证研究的信度和效度，编码过程中严格遵循扎根理论范畴归纳和模型构建步骤，对访谈资料进行概念化和范畴化，对存在争议的概念和范畴，由课题组多名核心成员组成讨论小组，进行修订和删减，以避免编码者主观意见对编码结果造成的影响，提高编码的客观性。在编码的基础上，阐述影响科技创新活动与产业化活动的因素，进而验证所提出的理论研究框架。

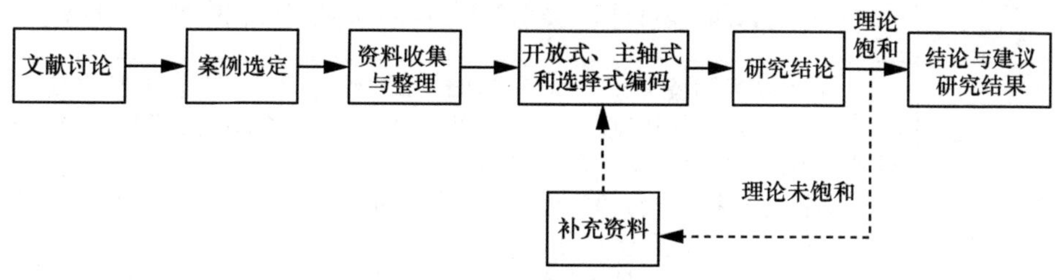


图 13-2　扎根理论研究流程

## 13.3　研究数据分析

### 13.3.1　开放式编码

按照扎根理论访谈数据分析方法，对收集到的一手资料进行开放式编码。按照开放式编码的步骤，重新整合分析资料，实现访谈内容的概念化和范畴化。在编码过程中，利用Nvivo11 从访谈者的原话中挖掘初始概念，共得到306 条原始语句。对原始语句进行分析与整理，剔除层次较低、重复、交叉的初始概念，提炼语义相关的概念，最终从资料中抽象出 23 个概念范畴，表13-1 为开放式编码得到的若干范畴及其初始概念。

表13-1　开放式编码范畴及初始概念

| 范畴 | 原始资料语句（初始概念） |
|---|---|
| 生存需要 | 研发行为能带来一定的经济收入，研发活动可以改善我的生活条件（物质） |
| 关系需要 | 研发成果使我得到社会尊重（尊重）；研发成果可以带来同行之间的认可，对我个人发展有好处（社交） |
| 成长发展需要 | 研发过程让我觉得快乐（兴趣）；完成科研项目让我觉得很有成就感（成就）；研发出新的技术让我觉得自己很有价值（自我价值实现） |
| 团队氛围 | 研发团队成员之间关系融洽、研发团队成员之间可以充分合作、研发团队成员可以发挥个人的主观能动性等均可以提高创新效率 |

续表

| 范畴 | 原始资料语句（初始概念） |
| --- | --- |
| 团队领导能力 | 团队领导者的沟通和领导能力、团队领导对研发方向的把控等是研发过程中最重要的条件 |
| 团队凝聚力 | 团队成员认同团队目标、团队的群策群力是研发过程中最重要的条件 |
| 组织创新激励制度 | 公司层面有制度，对申请专利的员工进行奖励，这些奖励由公司出。例如：申请专利1项，给予不低于2000元的奖励；授权1项，给予不低于3000元的奖励等（物质激励措施）<br>每年召开科技大会，科技大会中选出有突出贡献的科研人员，授予名誉称号与高额度奖金（物质与精神激励）<br>评职称时候需要，而且专利部分占很大比重（职称评定标准）<br>设立首席工程师、首席技师，可以获得与处级相同的待遇，同时还有科技奖励（研发人员职业生涯规划） |
| 组织创新制度与氛围 | 技术委员会决定项目方向，由专家委员会论证项目可行性，继而转到技术中心进行任务布置，由各个研发小组逐一完成（组织研发制度）<br>每年的10月公司内部征集科研项目，然后由专家进行综合评审（组织内部研发项目）<br>对资源有依赖性；矿区文化影响创新；集团公司是个小社会，员工有优越感；企业内有一定的创新意识（组织创新环境）<br>一个研究院下设3个分院（煤层气、煤化工、煤机）和7个所（和内部生产过程有关的）（研发组织架构）<br>公司规定了项目负责人不能多项担任，科技带头人当长不能当师（项目支持不受职位影响） |
| 领导者特质 | 领导对于创新有较高的重视程度，支持科技人员表述自己的新观点（领导者创新意识）<br>领导需要将创新提升到战略高度，并在各种场合予以强调（领导的战略意识） |
| 获得合作者信息 | 通过个人人脉关系、学术会议、展览会、工作会议等方式来取得联系（获得合作者信息的渠道）<br>合作者主要是自己根据研发需要去找，或者是其他企业主动来找（寻找合作者的方式） |
| 合作对象 | 与上海高研院合作建设重点实验室；与中科合成油公司合作开发具有自主知识产权的铁基浆态F-T合成技术；与山西煤化所、河南能化集团联合组建了中科潞安能源科技有限公司（科研院所、企业合作）<br>成功合作的高校有太原科技大学、太原理工大学，共同承担相关项目及进行硕士生培养（高校合作） |

续表

| 范畴 | 原始资料语句（初始概念） |
| --- | --- |
| 合作方式 | 合作建设重点实验室（共建实验室）<br>以项目合作科研方式，合作过程中是团队和团队合作的模式，合作开发具有自主知识产权技术（合作开发）<br>采用合同制的方式委托高校或科研院所开发（委托开发）<br>与高校联合申请政府项目（政府项目合作） |
| 合作基础 | 与高校合作可以充分利用高校科研成果（现有资源）<br>高校可以提供广阔的思路，以及新颖的理论观点（未来的资源）<br>与公司的经营业务联系紧密，内部交流与需求较多（已有合作基础）<br>企业与科研院所愿意进行合作，同时愿意进行技术共享（合作意愿） |
| 体制限制企业创新 | 国有企业有许多技术，但涉及国有资产流失的问题，无法实现技术的对外转让（体制限制技术转让与推广）<br>受体制的限制，国有企业很难实现与其他单位采取技术入股的合作方式（体制限制新的合作方式）<br>由于国企的体制导致外部资金无法进入（体制限制资金来源）<br>由于现行制度的约束，国有企业技术中心不具有独立的法人资格，同时其经营范围也不涉及对外承接技术研发业务（技术中心的明确定位） |
| 企业与领导的考核制度 | 国资委对企业考核时，主要以专利指标作为技术创新的考核标准（企业技术创新考核）<br>对于创新型企业要增加一些考核制度，将技术创新列入考核制度之内（设立创新型企业的考核制度）<br>国有企业的领导任期制，导致领导在任期内急功近利，忽视企业的长远发展能力（领导任期制度）<br>对领导倾向于用经济数据，如收入、利税等进行考核（领导业绩考核标准） |
| 人才制度 | 职务与职称的能上不能下，也极大地影响了科技人员的创新积极性（职称与职务制度）<br>国家鼓励技术人员下海，但山西省尚未出台对应的政策与制度（科技人员创业政策）<br>国家鼓励技术入股，但山西省尚未出台对应的政策与制度（技术入股政策） |
| 成果分配制度 | 虽然国家在《专利法实施细则》中明确设立了专利“一奖两酬”，但在企业实践中只是对科技人员兑现了奖励，而并没有兑现“两酬”，即专利的技术含量如何、市场前景好坏对科技人员的创新活动没有任何影响。极大地影响了科技人员开发更有市场前景技术的积极性（支持技术转化力度）<br>政府应创造一个宽松的创新环境，落实支持创新的激励政策，特别是落实科研人员的收益与其创新成果挂钩（收益与成果分配制度） |

续表

| 范畴 | 原始资料语句（初始概念） |
| --- | --- |
| 政府财政资金支持 | 政府在审批项目时，忽视了民营企业，而民营企业往往比国有大型企业更有创新的意愿。政府的资金应该用于支持市场无法发挥作用的基础技术领域研发，重点支持高校、科研院所（资金支持对象）<br>政府支持区域有技术优势的研发，不具有优势的再做研发只会造成资金、人员的重复投入，如由于电机研发在晋煤并不具有研发优势，所以，研发出来的永磁电机成本很高，在市场中并不具备竞争力（资金支持的领域）<br>在项目研发阶段，政府部门应予以资金补贴（在研发初期给予资金支持）<br>政府主要提供专利申请补贴，潞安集团的专利补贴资金主要来自省（市），每年至少有一半的专利申请补贴来自长治市（政府专利申请支持）<br>省里专利补贴很难争取，同样金额很少，起不到实质作用（专利补贴数额）<br>长治市要求专利必须独立完成，不能由两个企业共同完成（申请专利补贴条件）<br>省里也给予专利成果转化资金，但数额太少，对于涉煤领域的专利成果转化基本是没有什么作用（成果转化资金数额）<br>制定一些激励政策，鼓励企业进行有实质性创新的发明专利申请，减少实用新型与外观设计方面的专利（重点支持实质性创新） |
| 引导性政策 | 发挥政策的引导功能，如淘汰落后技术，支持新技术的应用（强制淘汰落后技术）<br>政府引导并推动技术的扩散，可以缩短技术推广所需要的时间（引导有市场前景的技术推广）<br>政府资金对企业应用研究的支持只是杯水车薪，政府应建立相关制度允许外部资金进入国有企业的应用研究（引导社会资金介入应用研究）<br>煤炭领域要想实现转型、创新，需要引入竞争机制。需要鼓励有研发实力的企业做“搅局者”（非营利者），不断开发出新产品、降低成本，以低价销售产品，增加煤炭行业的竞争（建立行业竞争机制） |
| 协调、配套与信息化服务 | 技术推广也是在集团内部推广（技术推广对象）<br>外部推广的情况通常是由于私人关系进行技术交流，无偿研究学习企业所拥有的技术（技术推广渠道）<br>不同的矿井其煤层的特点不同，就需要不同的工艺。所以，在推广过程中就需要到具体的矿井实践再对功率、工艺进行调整（配套技术）<br>政府在其中可以扮演一个协调者的身份。（服务、协调）政府应该发挥组织的功能，协调新技术推广过程中需要的一系列条件（如新能源汽车的推广，汽车改造标准、加油站与加气站的一体化设立等）（技术产业化配套服务）<br>为技术创新过程中的各方合作提供平台（综合信息服务） |

续表

| 范畴 | 原始资料语句（初始概念） |
| --- | --- |
| 支持金融、科技中介服务机构建设 | 研发与产业化资金主要来自企业自己投入（占主要部分）、国家和省里的项目资金，很难筹集到外部资金（拓宽资金来源渠道）<br>可以设立专门的技术评估机构，对企业所拥有的技术做客观的估价（支持技术评估机构）<br>尚未与中介公司进行过合作，主要原因是现有中介公司良莠不齐，集团公司很难从中鉴别出优质公司（规范中介机构认证与服务） |
| 政府主导研发项目 | 政府想要的项目是那些高科技的、带有“创新”“高新”“智能”字眼的项目，而真正的技术重大创新是一个漫长的过程，不是短时间内能够取得的。企业主要以市场为导向，通常很难实现技术的领先，到最后是政府花钱做了支持，但所做的课题纯粹是为了结题而没有实际的市场效果（政府设立项目的目的）<br>由企业申请，但最后也只是落到了某个技术人员头上，缺少技术的前瞻性。有技术实力的专家通常已有行政职务，很少参与到项目的研发之中，只是在项目申报时作为核心成员。使这种项目根本没有市场，资金支持无法真正促进技术进步（政府项目申请成员要求）<br>许多技术负责人把时间都用来做项目的申报与考核工作，真正做研发的时间却很少（项目申报与考核制度）<br>由不同领域专家组对项目进行评审，没有一致的评价标准。只注重创新成果，如专利、获奖等，忽视了创新的内在规律性（项目评审标准）<br>项目中期与结题，只是由项目组汇报相关的材料，而且必须能够完成申请书中的相关内容。而技术创新并不是能够保证创新一定能够实现，因此，造成了项目组即使创新失败也会采取各种方法完成申请书的内容。结果便是项目造假，没有实际应用的可能（项目的科学管理） |

## 13.3.2　主轴式编码

将开放编码中被分割的资料通过聚类分析，在不同范畴之间建立关联，从而进行轴心编码。在建立关联时，需要分析各个范畴在概念层次上是否存在潜在的联结关系，从而寻找一定的线索。为此，将开放编码中能呈现不同范畴之间联系的访谈资料逐一分析，试图解析出其中潜在的脉络或者因果关系。

根据不同范围之间的相互关系，归纳出 3 个轴心编码，各轴心编码对应的开放式编码范畴如表 13-2 所示。

表13-2　轴心编码及对应的开放式编码范畴

| 轴心编码 | 开放式编码范畴 | 关系内涵 |
| --- | --- | --- |
| 个体创新动机 | 生存需要 | 科研人员对生存需要的追求会增强其创新动机 |
| | 关系需要 | 科研人员对关系需要的追求会增强其创新动机 |
| | 成长发展需要 | 科研人员对成长需要的追求会增强其创新动机 |
| 团队创新环境 | 团队氛围 | 团队氛围的好坏会影响团队创新环境 |
| | 团队领导能力 | 团队领导能力的高低会影响团队创新环境 |
| | 团队凝聚力 | 团队凝聚力的强弱会影响团队创新环境 |
| 组织创新环境 | 组织创新激励制度 | 组织内部创新激励制度的完善程度会影响组织创新环境 |
| | 组织创新制度与氛围 | 组织制定的创新制度与创新氛围的营造会影响组织创新环境 |
| | 领导者特质 | 高层领导是否具有创新意识、是否将创新置于战略层面会影响组织创新环境 |
| | 体制、制度因素 | 体制限制企业技术创新：国有企业无法将技术创新成果有偿转让、无法采取技术入股的合作方式，外部资金无法进入国有企业从事研发活动。国有体制极大地限制了企业技术创新活动。<br>企业与领导的考核制度：领导任期制的弊端、考核内容及指标的不完善造成领导缺乏从战略高度来规划企业的长远发展；创新型企业考核的专利成果导向，造成企业只注重专利而忽视创新成果转化 |
| 组织合作创新活动 | 获得合作者信息 | 多途径获得合作者信息，有利于企业更加全面地了解合作者，更快地形成合作 |
| | 合作对象 | 根据研发内容选择不同的合作者，如高校、科研院所或企业，有利于研发项目的成功开展 |
| | 合作方式 | 合作方式不同则合作创新效率有差异，有效的合作方式为组建项目团队合作开发、共建实验室 |
| | 合作基础 | 原有的合作经历、合作者的知识与技术优势、合作的态度等合作基础有利于提高合作创新效率 |

续表

| 轴心编码 | 开放式编码范畴 | 关系内涵 |
| --- | --- | --- |
| 宏观环境政策 | 财政资金支持 | 合适的支持对象、优势的支持领域、恰当的支持阶段、合理的支持数额，可以有效发挥财政资金引导技术创新的作用 |
| | 引导性政策 | 通过制定引导性政策限制落后技术、倡导有市场前景的新技术、吸引社会资本进入技术创新领域、鼓励市场竞争，激发企业技术创新的潜力 |
| | 协调、配套与信息化服务 | 政府要做好协调员角色，为技术研发及产业化提供配套技术、配套基础设施及信息化服务 |
| | 支持金融、科技中介服务机构建设与发展 | 通过支持金融、科技中介服务机构发展，可以拓宽企业融资渠道、使企业获得科技增值服务 |
| | 政府研发项目支持 | 设立市场需求导向的科研项目、降低项目申报要求、简化项目申报与考核手续及流程、统一规范的项目评审标准、科学的项目进度管理，才可以使政府科研项目真正发挥促进技术创新的作用 |
| | 人才政策 | 职称、职务评聘制度，未明确的科研人员创业及科研成果入股制度极大地限制了人才的创新积极性 |
| | 成果分配政策 | 公正的、科学的成果分配制度，包括企业与团队、团队与个人间的分配制度，可以有效地激发科研团队与科研人员的创新积极性 |

## 13.3.3　选择式编码

按照选择式编码的步骤，选择核心范畴，分析核心范畴和其他范畴之间联系，并以典型关系结构的形式将整个行为现象表现出来，最终形成涉煤高新技术企业技术创新行为驱动因素框架。典型关系结构如表 13-3 所示。

**表13-3　轴心编码的典型关系结构**

| 典型关系结构 | 关系结构的内涵 |
| --- | --- |
| 个体创新动机→技术创新活动 | 个体创新动机是涉煤高新技术企业低碳技术创新活动的直接驱动因素，它决定了涉煤高新技术企业低碳技术创新活动的原始动力 |
| 团队创新环境→技术创新活动 | 团队创新环境是涉煤高新技术企业低碳技术创新活动的直接驱动因素，它决定了涉煤高新技术企业开展低碳技术创新活动的团队动力 |

续表

| 典型关系结构 | 关系结构的内涵 |
|---|---|
| 组织创新环境→技术创新活动 | 组织创新环境是涉煤高新技术企业低碳技术创新活动的直接驱动因素，它决定了涉煤高新技术企业实施低碳技术创新活动的组织动力 |
| 组织合作创新活动→技术创新活动 | 组织合作创新活动是涉煤高新技术企业低碳技术创新活动的直接驱动因素，它决定了企业开展产学研合作创新的动力 |
| 体制、制度因素→组织创新环境→技术创新活动 | 体制、制度因素是涉煤高新技术企业低碳技术创新活动的间接驱动因素，它通过影响组织创新环境进而间接影响涉煤高新技术企业低碳技术创新活动 |
| 宏观环境政策→技术创新活动 | 宏观环境政策，如财政资金支持、项目支持、支持金融科技中介机构建设等支持型政策，限期淘汰落后技术等限制性、引导性政策，会直接影响涉煤高新技术企业低碳技术创新活动 |

以此典型关系结构为基础，构建了完善后的涉煤高新技术企业低碳创新行为驱动因素理论模型（图 13-3）。

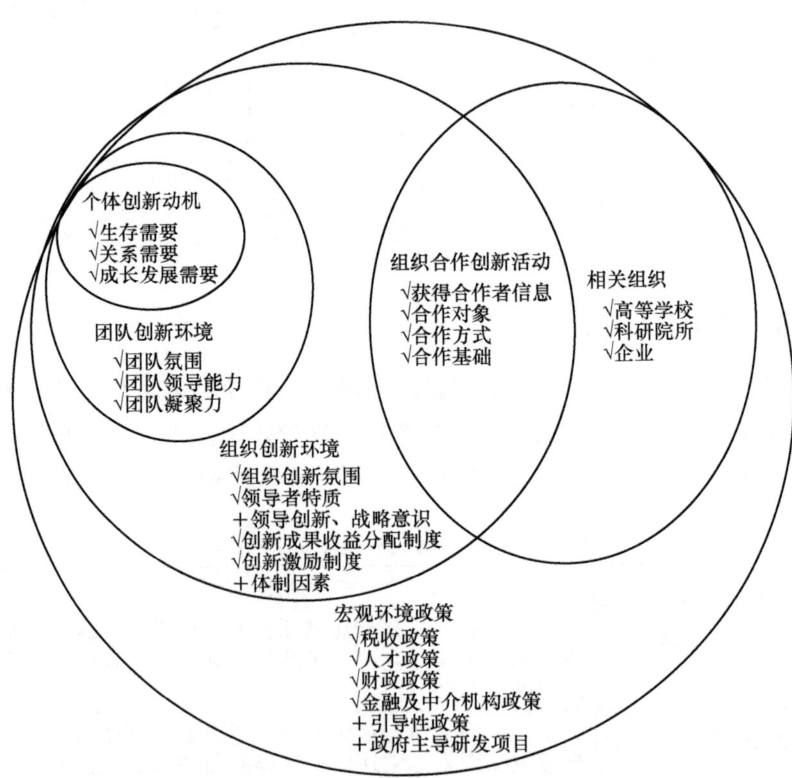


图 13-3　完善后的涉煤高新技术企业低碳创新行为驱动因素理论模型

图 13-3 中标对勾的因素为验证了的理论框架中所提出的驱动因素，标加号的因素为研究过程中新发现的驱动因素。

## 13.4　研究发现

### 13.4.1　验证理论框架的因素是涉煤高新技术企业低碳创新行为的驱动因素

通过利用多案例扎根分析方法对涉煤高新技术企业低碳创新行为驱动因素进行研究，证实驱动涉煤高新技术企业的低碳创新行为的必要条件是不唯一的，验证了相关理论文献中所提出的创新活动组织创新环境、组织合作创新活动与宏观环境政策等因素，也是影响涉煤高新技术企业低碳创新行为的影响因素。

（1）个体创新动机是涉煤高新技术企业低碳创新行为的原始动力。通过访谈发现，涉煤高新技术企业研发人员的创新动机与ERG理论一致，即研发人员的创新动机涉及 3 个方面的需求：生存的需要、关系的需要与成长发展的需要。对调研资料的进一步分析发现，52%的科研人员是考虑个人社会尊重和地位的需要而从事研发活动的；34%的科研人员是出于个人的兴趣而从事研发活动；仅有 14%的科研人员是出于基本的物质生存需要而从事研发活动。因此，涉煤高新技术企业应针对研发人员在成长与关系方面的需求，制定有效的创新激励措施，提高研发人员的创新积极性。

（2）团队创新环境驱动涉煤高新技术企业低碳创新行为。按照贝尔宾团队角色理论，利用个人的行为优势创造一个和谐的团队，可以极大地提高团队和个人绩效。高效的团队工作有赖于团队成员清楚自己及他人所扮演的角色，了解如何相互弥补不足、发挥优势、默契协作。因此，涉煤高新技术企业要提高创新活动频率与创新活动绩效，就需要建立有效的研发团队。其中，团队环境、团队领导的能力、团队成员能力互补及团队凝聚力等因素对研发团队和人员的创新效率有重要的影响。

（3）组织创新环境有利于激发涉煤高新技术企业低碳创新行为。根据多层次要素理论，组织微观创新环境如领导者特质、组织创新氛围等因素会对涉煤高新技术企业低碳创新行为产生影响；根据社会技术系统理论，组织管理创新如创新成果收益分配制度与创新激励制度等因素也会对涉煤高新技术企业低碳创新行为产生影响。

（4）组织合作创新活动是涉煤高新技术企业开展产学研合作创新的动力。根据创新系统理论，在创新过程中涉煤高新技术企业与其他组织间的互动，特别是企业、大学科研院所之间的合作创新，对涉煤高新技术企业创新能力提升及创新效率提高有重要的影响。

（5）宏观环境政策引导涉煤高新技术企业开展创新活动。根据创新系统理论，政府机构、金融机构及科技中介机构等非企业组织对创新行为有显著影响。特别地，政府出台的财税政策、人才政策、财政政策及金融与中介机构政策等与涉煤高新技术企业创新行为有密切关系[290]。

### 13.4.2 一些创新驱动因素具有与其他文献不同的内涵

在访谈的过程中发现，现有理论框架中的一些因素对于涉煤高新技术企业来说，具有不同的内涵。

（1）组织创新氛围不再是传统意义上营造鼓励创新、宽容失败的创新氛围，而是如何突破“集团企业小社会文化”与“矿区文化”对创新的影响。长期受计划经济的影响及与经济发展的密切相关性，涉煤高新技术企业内不论是管理层还是普通员工，均有一种天然的优越感，而这种优越感来自经济发展对煤炭资源的依赖。长此以往，这种优越感便成了涉煤高新技术企业内部所特有的一种文化。另外“矿区文化”中认为经济具有周期性，那么涉煤高新技术企业的发展也具有周期性，只要经济进入繁荣阶段，涉煤高新技术企业就会繁荣昌盛；涉煤高新技术企业发展缓慢的原因是经济进入低谷；除非有革命性的能源替代煤炭，否则涉煤高新技术企业就没有创新的必要。显然，这种文化会极大地制约涉煤高新技术企业的创新活动。

（2）创新成果收益分配制度设计不是以完全公平、严格的市场化分配方式为原则，而是以相对公平为原则。这主要是受涉煤高新技术企业低碳创新活动的特点与体制、文化的影响。首先，从煤炭领域的创新活动来看，其研发难度大，需要大量的研发人员参与，表现为大团队研发。因此，很难做到详细的任务分配与明确的贡献衡量。其次，煤炭领域的研发活动需要高额的资金投入，对资金的依赖程度高，如潞安集团首次进行煤基合成油的研发便投入了1000万元。因此，资金在涉煤高新技术企业创新活动中的作用不容小觑。最后，长期受国有体制与矿区文化的影响，研发人员已习惯于接受从上到下的分配方式，认为领导本来就应该获得相对较多的报酬。

### 13.4.3　存在一些新的因素影响涉煤高新技术企业低碳创新行为

通过研究发现，在现有研究框架之外，还有一些其他因素影响涉煤高新技术企业的低碳创新行为。

（1）在组织创新环境层面，强调领导者特质下的领导创新与战略意识对涉煤高新技术企业创新行为的促进作用。在访谈过程中，受访者一再强调高层管理者是否具有创新意识、是否可以将创新置于企业发展的战略层面来考虑，会极大地影响员工创新的积极性。而领导者的形象、气质、语言风格、心理结构与行为方式等特质则未被受访者作为主要影响创新的因素提及。

在组织创新环境层面增加了体制因素对涉煤高新技术企业低碳创新行为的影响。体制因素对涉煤高新技术企业低碳创新行为的影响主要包括两个方面：首先，体制限制涉煤高新技术企业低碳技术创新行为。主要表现为：体制限制技术转让与推广，即涉及国有资产流失的问题，国有企业无法将技术创新成果有偿转让；体制限制新的合作方式，即国有企业内技术中心不具有法人资格，无法采取技术入股的合作方式与其他组织合作；体制限制资金来源，即外部资金无法进入国有企业从事研发活动。其次，国有企业与领导的考核制度也会影响涉煤高新技术企业低碳技术创新行为。主要表现为：国有企业的领导任期制，导致领导在任期内急功近利，忽视企业的长远发展能力建设与技术创新活动；领导业绩考核标准不完善，即用企业经营业绩数据，如收入、利税等指标作为领导业绩的考核标准，导致企业高层管理者缺乏从战略高度来规划企业的长远发展，不利于技术创新活动的开展；创新型企业考核过分注重专利导向，造成企业只注重专利而忽视创新成果的产业化与市场化应用。

（2）在宏观环境政策层面增加了政府主导研发项目与引导性政策等因素。涉煤高新技术企业在产业链上的定位，决定了它在经济繁荣期会以生产为主，没有足够的时间与精力进行创新；而在经济萧条期，又没有足够的资金与技术积累来支持后续的研发与创新活动。因此，通过限制落后技术、倡导有市场前景的新技术、帮助涉煤高新技术企业寻求研发方向、吸引社会资本进入技术创新领域、鼓励市场竞争等引导性政策，可以激发涉煤高新技术企业技术创新的潜力。

但政府主导研发项目对技术创新行为的促进作用却非常有限，这主要表现为以下两点。

（1）政府主导研发项目的目标过高，不符合技术创新规律。政府主导研发项目一般都要求有比较高的理论水准，但真正的技术重大创新是一个漫长的过程，不是短时间内就能够取得的。企业主要以市场为导向，往往是渐进的小的技术革新就能带来较大的市场利益。从技术创新的规律可知，基础性、突破性技术创新与市场导向的渐近性技术创新是一对矛盾，企业很难兼顾。突破性技术创新需要长期的持续的投入。企业在短期内的攻关行为通常很难快速实现技术的领先，结果是政府投入研发项目资金却没有实际的市场效果。

（2）政府主导研发项目的过程管理不能保证技术创新绩效的提升。政府主导研发项目申报与考核手续烦琐，造成许多技术负责人把时间都用来做项目的申报与考核工作，真正做研发的时间却很少；在评审环节，政府主导研发项目通常由不同领域专家组对项目进行评审，缺乏一致的评价标准。只注重项目完成以后可以取得的成果，如专利、获奖等，而忽视了创新的内在规律性；对申请人员缺乏研发过程的考核，真正有技术实力的专家很少全身心参与到项目的研发之中，只是在项目申报时作为核心成员。政府主导研发项目的实施缺少科学的管理，项目中期与结题，只是由项目组汇报相关的材料，而且必须能够完成申请书中的相关内容方可结项。这种考核管理方式忽视了技术创新所存在的高风险性，即技术创新不是百分之百能够成功。因此，造成了项目组即使创新失败也会采取各种方法完成申请书的内容，研发的成果不适应市场需求，没有实际应用的可能，资金支持无法真正促进技术进步。

## 13.5　研究结论与展望

### 13.5.1　研究结论

本文在总结影响企业创新行为相关文献观点的基础上，构建了资源型高新技术企业低碳创新行为驱动因素理论框架，以涉煤高新技术企业为研究样本，利用多案例扎根分析方法，探索性分析并完善了资源型高新技术企业低碳创新行为驱动因素理论框架，得到如下结论与建议。

（1）验证了现有文献提出的创新驱动因素也是资源型高新技术企业特别是涉煤高新技术企业低碳创新行为的驱动因素，涉及多个层次的因素，具体包括：研发人员个体层面的创新动机、研发团队层面的团队创新环境、组织层面的企业创新环境、组织间层面的组织创新活动及宏观层面的宏观环境政策等。因此，为了促进资源型高新技术企业的低碳创新行为，可以在组织层面采取如下措施：第一，以满足研发人员的成长与关系需求为目标，进行职业生涯规划、工作体验、自我实现及文化氛围等内在薪酬设计，提高研发人员的创新积极性；第二，以建设高效研发团队为目标，加强对创新研发团队的主动设计，重视精神奖励的激励作用，营造积极创新的团队氛围，完善创新团队的管理机制，发展“长寿团队”。

政府层面可以从以下几个方面促进资源型高新技术企业的创新活动：第一，支持资源型高新技术企业与高校、科研院所开展实质性合作创新活动，如鼓励组建联合研发团队与共建实验室；第二，完善宏观环境政策，如创新政策性金融支持手段，扶持资源型高新技术企业开展创新活动所需中介服务机构的发展，充分发挥财税政策引导创新活动的作用等。

（2）对于资源型高新技术企业特别是涉煤高新技术企业来说，一些创新驱动因素具有与已有文献不同的内涵，如组织创新氛围与创新成果利益分配制度等。因此，资源型高新技术企业的领导者需要转变自身观念，践行创新发展理念，将创新贯穿于企业的管理与生产活动之中。逐渐突破“集团企业小社会文化”与“矿区文化”对创新的影响，进而营造具有包容性和开放性的组织创新氛围，如支持研发人员的新观点与新想法，鼓励创新行为、容忍一时的创新失败，赋予研发人员一定的工作自由和自主性，建立开放式的沟通和交流等；资源型高新技术企业需要打破既有的创新成果利益分配制度，在设计创新成果奖励与分配制度时需要兼顾“名”与“利”，能够使研发人员实现“名利双收”。

（3）存在一些现有文献未探讨的新因素会对资源型高新技术企业的低碳创新行为起到驱动作用，如领导的创新与战略意识、体制因素、引导性政策与政府主导研发项目等。针对这些新的驱动因素，政府可以有以下几个方面的策略：第一，改革国有资源型高新技术企业领导任期制度，积极探索委托相关机构遴选的方式选拔国有资源型高新技术企业领导人员，对有条件的资源型高新技术企业领导可以试行聘任制。第二，完善国有资源型高新技术企业领导人员考核评价激励制度，将资源型高新技术企业的创新能力及可持续发展能力列入领导人员考核评价激励体系；扩大员工对领导人员的评价权重，增加管理者战略意识与组织能力方面的考核。第三，积极制定引导性政策限制落后技术，倡导有市场前景的新技术，吸引社会资本进入技术创新领域、鼓励市场竞争，激发资源型高新技术企业技术创新的潜力。第四，政府主导的科研项目，在项目研发方向设置方面，应结合省域、高校、科研院所与企业的现实情况，考虑项目的可达性、实用性，注重实用型与补链、延链技术等方面的研发；项目评审程序和方式方面，除了采取会议评审等间接方式，还需增加答辩、实地考察等直接方式，除专家评审以外，还可以引入有关行政部门、合作方评价及团队成员“背靠背测评”等方式；项目考核标准方面，要宽容失败，不仅从创新成果角度评价创新行为，也允许创新活动有准备期与休眠期，关注研发过程即关注“在干什么”和“怎么干”，应综合考虑成果性、状态性与过程性评价考核指标：成果性指标应重点评价项目的质量及产出效率，状态性指标应考察项目实施过程中资源配置的合理性，过程性指标主要考察科研项目执行过程的计划性和有效性；执行年限方面，要根据不同的学科、研发领域及技术类型制定不同的项目实施年限，避免用政绩需求代替研发规律，对科研项目硬性规定完成期限。

### 13.5.2 研究展望

学术界对质性研究的信度、效度及推广度存在许多不同的质疑，本文研究结论的普遍性还需要通过持续的定量化研究予以证实。未来可以通过问卷收集相关驱动因素的数据、收集资源型高新技术企业创新活动的成果数据，通过量化分析方法来验证模型中相关因素对资源型高新技术企业创新活动的影响，探讨不同因素的作用效果，找出主要影响因素。

# 参考文献


[1] MALERBA F，ORSENIGO L. Schumpeterian patterns of innovation are technology-specific [J]. Research policy，2004（25）：451–478.

[2] FREEMAN C. Continental，national and sub–national innovation systems complimentarily and economic growth[J]. Research policy，2002，32（2）：191–211.

[3] FREEMAN C. The national system of innovation in historical perspective[J]. Cambridge journal of economics，1995，19（1）：5–24.

[4] DAMANPOUR F，EVAN W M. Organizational innovation and performance：the problem of "Organizational Lag" [J]. Administrative science quarterly，1984（29）：392–409.

[5] DAMANPOUR F，SZABAT K A. The relationship between types of innovation and organizational performance[J]. Journal of management studies，1989，26（6）：587–601.

[6] GELLS F. Technological transitions as evolutionary reconfiguration processes：a multi-level perspective and a case-study[J]. Research policy，2002（31）：1257–1274.

[7] 许庆瑞. 技术创新的组合及其与组织、文化的集成[J]. 科研管理，2002（6）：38–44.

[8] BARNETT W P. The organizational ecology of a technological system[J]. Administrative science quarterly，1990，35（1）：31–60.

[9] FUJIMOTO T. The evolution of a manufacturing system at Toyota[M]. New York：Oxford University Press，1999.

[10] VICKERY S，DROGE C，GERMAIN R. The relationship between product customization and organizational structure[J]. Journal of operations management，1999，17（4）：377–391.

[11] LEI D，HITT M A，GOLDHAR J D. Advanced manufacturing technology：organizational design and strategic flexibility[J]. Organization studies，1996，

17（3）：501–523.

[12] WOOLDRIDGE B，SCHMID T，FLOYD S W. The middle management perspective on strategy process：contributions，synthesis，and future research[J]. Journal of management，2008，34（6）：1190–1221.

[13] KIMBERLY J R. Issues in the creation of organizations：initiation，innovation，and institutionalization[J]. Academy of management journal，1979，22（3）：437–457.

[14] DEWAR R D，DUTTON J E. The adoption of radical and incremental innovations：an empirical analysis[J]. Management science，1986，32（11）：1422–1433.

[15] MOKHBER M，ISMAL W K. The impact of transformational leadership on organizational innovation moderated by organizational culture[J]. Australian journal of basic and applied sciences，2011，5（6）：504–508.

[16] DAMANPOUR F. Organizational innovation：a meta-analysis of effects of determinants and moderators[J]. Academy of management journal，1991，34（3）：555–590.

[17] DRAZIN R，SCHOONHOVEN C B. Community，population and organization effects on innovation：a multilevel perspective[J]. Academy of management journal，1996，39（5）：1065–1083.

[18] PRETORIUS M，MILLARD S M. Creativity，innovation and implementation：management experience，venture size，life cycle stage，race and gender as moderators[J]. South African journal of business management，2005，36（4）：55–68.

[19] BECHEIKH N，LANDRY R. Lessons from innovation empirical studies in the manufacturing sector：a systematic review of the literature from 1993–2003[J]. Technovation，2006，26（5）：644–664.

[20] 金吾伦，李敬德，颜振军. 北京如何率先成为创新型城市[J].前线，2006（2）：23–25.

[21] 叶琳. 福建创新型省份建设进程评价研究[J]. 发展研究，2011（2）：30–34.

[22] 徐子青. 扎实推进创新型省份建设[J]. 发展研究，2007（5）：24–28.

[23] 张世运，刘好. 北京创新型城市进程的国内比较[J]. 中国软科学，2008（12）：56–62.

[24] 陈毓寰. 建设创新型省份的若干问题研究[J]. 发展研究，2006（10）：34–37.

[25] DUTTA S，BENAVENTE D. The global innovation index 2011[EB/OL].（2012-02-14）[2017-11-08]. http://www.globalinnovationindex.org/gii/main/fullreport/index.html.

[26] 2Thinknow. Innovation cities top 100 index 2011：city rankings[EB/OL].（2012-06-06）[2017-11-08]. http://www. Innovation-cities.com/zh/innovation-cities-index-top-cities-for-innovation.

[27] 高锡荣，黄娜. 中国主要城市自主创新梯次结构及其区域组合研究[J]. 科技进步与对策，2014，31（5）：50–55.

[28] COOKE P N C，HEIDENREICH M，BRACZYK H. Regional innovation systems[M]. London：Routledge，2004.

[29] NELSON R R. National innovation systems：a comparative analysis[M]. Oxford：Oxford University Press，1993.

[30] ASHEIM B T，ISAKSEN A. Regional innovation systems：the integration of local ‘sticky’ and global ‘ubiquitous’ knowledge[J]. The journal of technology transfer，2012，27（1）：77–86.

[31] 熊彼特. 经济发展理论[M]. 北京：商务印书馆，1990.

[32] ARROW K J. The economic implications of learning by doing[J]. Review of economic studies，1962（29）：155–173.

[33] UZAWA H. Optimum technical change in an aggregative model of economic growth[J]. International economic review，1965（6）：18–31.

[34] GROSSMAN G M. Endogenous innovation in the theory of growth[J]. Journal of economic perspectives，1994（12）：23–44.

[35] RAINER A，FRANCO N. Endogenous innovation waves and economic growth[J]. Structural change and economic dynamics，2005（3）：1–18.

[36] 陈劲. 从技术引进到自主创新的学习模式[J]. 科研管理，1994（2）：32–35.

[37] 周寄中. 关于自主创新与知识产权之间的联动[J]. 管理评论，2005（11）：41–45.

[38] 朱孔来. 自主创新能力的构成要素及测试指标体系[J]. 胜利油田学校学报，2007（9）：26–30.

[39] 吴贵生，刘建新. 对自主创新的理解[J]. 创新与创业管理，2006（9）：42–46.

[40] 吴贵生，张洪石，梁玺. 自主创新辨析[J]. 技术经济，2010（9）：23–26.

[41] 洪银兴. 向创新型经济转型[J]. 江南论坛，2010（1）：34–37.

[42] 刘国新，李兴文. 国内外关于自主创新的研究综述[J]. 科技进步与对策，2007（2）：36–41.

[43] 魏江. 企业技术创新能力的办公室及其与核心能力的关联[J]. 科研管理，1998（7）：48–52.

[44] 许庆瑞. 研究、发展与技术创新管理[M]. 北京：高等教育出版社，2000：25.

[45] 温瑞珺. 企业自主创新能力评价研究[J]. 集团经济研究，2005（8）：46–50.

[46] 陈红喜，袁瑜，刘文婷. 循环经济视角下的江苏省自主创新能力综合评价研究[J].科技管理研究，2011（17）：99–103.

[47] 周元，王海燕. 关于我国区域自主创新的几点思考[J]. 中国软科学，2006，181（1）：13–16.

[48] 中国科技发展战略研究小组. 中国区域创新能力报告：2011—2012[M]. 北京：知识产权出版社，2012.

[49] 刘凤朝，潘雄锋，施定国. 基于集对分析法的区域自主创新能力评价研究[J]. 中国软科学，2005，179（15）：85.

[50] 赵彦云，甄峰. 我国区域自主创新和网络创新能力评价与分析[J]. 中国人民大学学报，2007（4）：59–65.

[51] 宋伟，曹镇东，彭小宝. 基于灰色关联度的区域自主创新能力模糊评价[J]. 北京理工大学学报（社科科学版），2010，12（3）：66–70.

[52] 徐国泉. “双三角”主要城市自主创新能力的比较研究：以苏州自主创新能力建设为视角[J]. 科技管理研究，2012（16）：88–92.

[53] 马溪骏，高袁袁. 皖江城市带九城市自主创新能力评价及对策分析[J]. 安徽大学学报（哲学社会科学版），2010（6）：138–144.

[54] 方创琳，马海涛，王振波，等. 中国创新型城市建设的综合评估与空间格局分异[J]. 地理学报，2014，69（4）：459–473.

[55] 光明日报. 2015年我国公民具备基本科学素质的比例达6.2%[EB/OL].（2016–06–23）[2017–11–08]. http://news.sciencenet.cn/htmlnews/2016/6/349404.shtm.

[56] 刘东霞，陈红. 二手市场对耐用品垄断厂商再制造决策的影响分析[J]. 运筹与管理，2018，27（7）：102–110.

[57] 刘东霞，陈红. 煤炭液化技术研发趋势、生命周期、前沿技术与影响因素：基于专利的视角[J]. 情报杂志，2017，36（7）：52–58.

[58] 刘东霞，陈红. 存在二手市场时耐用品垄断厂商再制造策略研究[J]. 中国管理科学，2018，26（6）：104–114.

[59] 刘东霞. 基于消费者类型的垄断制造商再制造决策研究[J]. 统计与决策，2013（7）：39–43.

[60] 刘文龙，刘东霞. 高新技术产业统计方法研究[J]. 经济师，2012（2）：124–125.

[61] 世界高新技术产业发展及对外贸易现状[J]. 国际技术贸易，2004（3）：53–57.

[62] 2014年我国高技术产业发展状况分析[EB/OL]. [2017–11–08]. https://max.book118.com/html/2017/0414/100192116.shtm.

[63] 李彦华，杨星宇，刘东霞. 基于GBP-Bagging网络模型的产业人力资源需求预测：以山西省战略性新兴产业为例[J]. 科技管理研究，2018，38（7）：178–185.

[64] OECD. Boosting innovation：the cluster approach[EB/OL]. [2017–11–08].http://www.oecd.org/document/23/0,3343,en_2649_34273_1894871_1_1_1_1,00.html.

[65] 陈云霞，闫磊，马玉萍. “十三五”时期山西省高新技术产业发展现状分析[J]. 江苏科技信息，2016（12）：4–5.

[66] SMITH A. 国民财富的性质和原因的研究[M]. 郭大力，王亚南，译. 北京：商务印书馆，1974.

[67] STUART A R. Bringing business clusters into the mainstream of economic development[J]. European planning studies，1997，5（1）：3–23.

[68] WEBER A. Theory of the location of industries[J]. Nature，1960，15（1）：1.

[69] 奥利弗·威廉姆森.经济组织的逻辑[M]. 上海：上海人民出版社，1998.

[70] PORTER M E. Clusters and the new economics of competition[J]. Harvard business review，1998，76（6）：77.

[71] DINI M，JANEIRO R D. SME cluster and network development in developing countries：the experience of UNIDO[R]. Working Paper No.2，Private Sector Development Branch，1999.

[72] 王缉慈. 创新的空间：企业集群与区域发展[M]. 北京：北京大学出版社，2001.

[73] LUNDVALL B，JOHNSON B. The learning economy[J]. Journal of industry studies，1994（1）：23–42.

[74] PREISSL B. Innovation clusters：combining physical and virtual links[J]. German institute of economic research，2003（2）：359.

[75] BORTAGARAY I，TIFFIN S. Innovation clusters in Latin America[C]. Presented at 4th International Conference on Technology Policy and Innovation Curitiba，Brazil，2000：1–40.

[76] KONGRAE L. Promoting innovative clusters through the Regional Research Centre （RRC） policy programme in Korea[J]. European planning studies，2003，11（1）：25–39.

[77] LIYANAGE S. Breeding innovation clusters through collaborative research networks[J]. Technovation，1995，15（9）：553–567.

[78] 创新集群建设的理论与实践研究组. 创新集群建设的理论与实践[M]. 北京：科学出版社，2012：3.

[79] 肖广岭. 创新集群及其政策意义[J]. 自然辩证法研究，2003，19（10）：51–54.

[80] 王缉慈. 创新集群：高新区未来之愿景与目标[J]. 中国高新区，2006（10）：3.

[81] 钟书华. 创新集群：概念、特征及理论意义[J]. 科学学研究，2008，26（1）：178–184.

[82] 宋琦，韩伯棠，李燕. 创新集群理论研究述评[J]. 科技进步与对策，2010，27（18）：157–160.

[83] 龙开元. 创新集群：产业集群的发展方向[J]. 中国科技论坛，2009（12）：53–56.

[84] 骆静，聂鸣. 创新集群及其分类研究[J]. 科学学与科学技术管理，2003，24（3）：27–30.

[85] 田桂玲. 区域创新链、创新集群与区域创新体系探讨[J]. 科学学与科学技术管理，2007，28（7）：197–198.

[86] 李北伟，董微微，富金鑫. 中国情境下创新集群建设模式探析[J]. 中国软科学，2012（11）：161–169.

[87] 柳卸林. 技术创新经济学的发展[J]. 数量经济技术经济研究，1993（4）：68–77.

[88] ENGEL J S，DEL-PALACIO I. Global networks of clusters of innovation: accelerating the innovation process[J]. Business horizons，2009，52（5）：493–503.

[89] 符正平. 论企业集群的产生条件与形成机制[J]. 中国工业经济，2002（10）：20–26.

[90] 刘恒江，陈继祥. 民营企业簇群机理的新诠释：涌现性观点[J]. 商业研究，2004（21）：25–27.

[91] 王福涛，钟书华. 创新集群的演化动力及其生成机制研究[J]. 科学学与科学技术管理，2009，30（8）：72–77.

[92] 李福刚，李俊杰，任显智. 产业集群到创新集群：两江新区区域经济模式演化路径研究[EB/OL]. [2017–11–08]. http://www.Cqjgdj.gov.cn/n52283c320.aspx.2012.12.20.

[93] 赵新刚，郭树东，闫耀民. 美国圣地亚哥的创新集群及其对我国的启示[J]. 生产力研究，2006（8）：171–172.

[94] WALSHOK M L，FURTEK E，LEE C W B，et al. Building regional innovation capacity：the San Diego experience[J]. Industry & higher education，2002，16（1）：27–42.

[95] SALLET J. New York's nano initiative[C]. National Academies Symposium on Growing Innovation Clusters for American Prosperity，2011：61–75.

[96] HATTORI A，LECLER Y. Innovation and clusters：the Japanese government policy framework（comparative approaches in social sciences and humanities：a French-Japanese initiative via joint international laboratory between CNRS and University of Tokyo）[J]. Journal of social science，2009，60：117–139.

[97] 赵中建，王志强. 集群创导：欧盟发展创新集群的主要手段[J]. 科技进步与对策，2011，28（3）：50–54.

[98] 吴丽华，罗米良. 日本创新产业集群形成及特征对我国产业群聚的借鉴[J]. 科学管理研究，2011，29（3）：58–61.

[99] TEMOURI Y. The cluster scoreboard：measuring the performance of local business clusters in the knowledge economy[C]. OECD Publishing，2012.

[100] 李卫国，钟书华. 创新集群绩效评价：以欧洲IT集群为例[J]. 科技与经济，2010，23（3）：15–18.

[101] 周晓晔，孙欢，王喆. 基于云模型的区域物流产业集群绩效评价[J]. 工业工程，2014（5）：124–129.

[102] 冯梅，孔垂颖. 我国攀西地区钒钛产业集群绩效的实证研究[J]. 宏观经济研究，2015（1）：88–94.

[103] 吴俊杰，盛亚. 网络强度、网络开放度对产业集群绩效的影响机制研究：以浙江产业集群为例[J]. 经济地理，2011，31（11）：1867–1873.

[104] 周炯，杨平儿. 陕西省航空产业集群绩效评价的实证研究[J]. 科技进步与对策，2011（28）：54–59.

[105] 左和平，杨建仁. 论产业集群绩效评价指标体系构建：以陶瓷产业集群为例[J]. 江西财经大学学报，2010（4）：33–37.

[106] 左和平，杨建仁. 基于面板数据的中国陶瓷产业集群绩效实证研究[J]. 中国工业经济，2011（9）：78–87.

[107] 赵军，时乐乐. 中国产业集群绩效评价：基于区域经济发展的视角[J]. 经济问题探索，2012（9）：78–84.

[108] DANNEELS E. The dynamics of product innovation and firm competences[J].

Strategic management journal，2002，23（12）：1095–1121.

[109] LAURSEN K，SALTER A. Open for innovation：the role of openness in explaining innovation performance among U.K. manufacturing firms[J]. Strategic management journal，2006，27（2）：131–150.

[110] 韩东林，徐晓艳，李春影. 高技术产业集群创新绩效的影响因素研究：以中国三大区域为例[J]. 管理现代化，2016（4）：52–54.

[111] 史焱文，李二玲，李小建. 农业产业集群创新效率及影响因素：基于山东省寿光蔬菜产业集群的实证分析[J]. 地理科学进展，2014，33（7）：1000–1008.

[112] 杨皎平，侯楠，王乐. 集群内知识溢出、知识势能与集群创新绩效[J]. 管理工程学报，2016（3）：27–35.

[113] 洪燕真，戴永务. 林业产业集群企业网络结构与创新绩效的关系：基于福建林业产业集群的调查数据[J]. 林业科学，2015（11）：103–112.

[114] 赵红岩，蒋双喜，杨畅. 吸收能力阶段演化与企业创新绩效：基于上海市高新技术产业的经验分析[J]. 外国经济与管理，2015，37（2）：3–17.

[115] 杨洪涛，杨平晓. 开放度、关系网络及知识共享对企业创新绩效的影响[J]. 工业工程与管理，2015，20（2）：68–73.

[116] 徐维祥，江为赛，刘程军. 协同创新网络、知识管理能力与企业创新绩效：来自创新集群的分析[J]. 浙江工业大学学报（社会科学版），2016（1）：11–17.

[117] 孟祥芳. 基于OECD集群绩效评析的产业集群创新发展对策研究[J]. 科技进步与对策，2015（1）：60–65.

[118] 罗颖，王腾，易明. 开放式创新与产业集群创新绩效的关联机理研究[J]. 管理学报，2017（2）：229–234.

[119] 朱建民，史旭丹. 基于内外调节效应的集群网络创新绩效研究[J]. 科研管理，2016（10）：121–128.

[120] 徐维祥，陈斌. 创新集群创新绩效影响机制研究[J]. 经济学动态，2013（10）：89–95.

[121] TSAI W，GHOSHAL S. Social capital and value creation：the role of intrafirm networks[J]. Academy of management journal，1998，41（4）：464–476.

[122] NAHAPIET J，GHOSHAL S. Social capital，intellectual capital，and the organizational advantage[J]. Academy of management review，1998，23（2）：119–157.

[123] MASKELL P. Social capital，innovation，and competitiveness[C]//

Management and Service Science，2009，International Conference on IEEE，2000：1–5.

[124] CHANG S C，TEIN S W，LEE H M. Social capital，creativity，and new product advantage：an empirical study [J]. International journal of electronic business management，2010，8（1）：43–55.

[125] 刘向舒. 产业集群内企业社会资本的理论综述[J]. 生产力研究，2011（11）：203–204.

[126] 朱建民，史旭丹. 产业集群社会资本对创新绩效的影响研究：基于产业集群生命周期视角[J]. 科学学研究，2015，33（3）：449–459.

[127] 李宇，周晓雪，张福珍. 产业集群社会资本对集群企业创新绩效影响的实证研究[J]. 产业经济研究，2016（3）：31–40.

[128] FREEMAN C. Networks of Innovators：a synthesis of research issues [J]. Research policy，1991，20（5）：499–514.

[129] SAXENIAN A L. The origins and dynamics of production networks in Silicon Valley [J]. Research policy，1991，20（5）：423–437.

[130] RUI B. Do innovations diffuse faster within geographical clusters[J]. International journal of industrial organization，2000，18（3）：515–535.

[131] CASSAR A，NICOLINI R. Spillovers and growth in a local interaction model[J]. The annals of regional science，2008，42（2）：291–306.

[132] 陶锋. 吸收能力、价值链类型与创新绩效：基于国际代工联盟知识溢出的视角[J]. 中国工业经济，2011（1）：140–150.

[133] ROMER P. New goods，old theory，and the welfare costs of trade restrictions[J]. Journal of development economics，1994，43（1）：5–38.

[134] BRANSTETTER L，FISMAN R，FOLEY C F，et al. Does intellectual property rights reform spur industrial development[J]. Journal of international economics，2011，83（1）：27–36.

[135] CHEN Y，PUTTITANUN T. Intellectual property rights and innovation in developing countries[J]. Journal of development economics，2005，78（2）：474–493.

[136] 杨皎平，纪成君，郑毅. 基于SD模型的产业集群创新与溢出政策分析[J]. 统计与决策，2010（5）：48–51.

[137] O’DONOGHUE T，ZWEIMÜLLER J. Patents in a model of endogenous growth[J]. Journal of economic growth，2004，9（1）：81–123.

[138] PARK W G. International patent protection：1960–2005[J]. Research policy，

2008，37（4）：761–766.

[139] 赵书松，廖建桥，张可军. 知识共享的负效应风险及其治理策略[J]. 情报杂志，2009，28（11）：116–122.

[140] 邬爱其，李生校. 外部创新搜寻战略与新创集群企业产品创新[J]. 科研管理，2012，33（7）：1–7.

[141] WOLPERT J D. Breaking out of the innovation box[J]. Harvard business review，2002，80（8）：76–83.

[142] 彭纪生. 论技术创新网络中的中介组织[J]. 自然辩证法研究，2000，16（6）：50–52.

[143] ZHANG Y，LI H. Innovation search of new ventures in a technology cluster：the role of ties with service intermediaries[J]. Strategic management journal，2010，31（1）：88–109.

[144] KATILA R，AHUJA G. Something old，something new：a longitudinal study of search behavior and new product introduction[J]. Academy of management journal，2002，45（6）：1183–1194.

[145] SHANE S，CABLE D. Network ties，reputation，and the financing of new ventures[J]. Management science，2002，48（3）：364–381.

[146] 郭元源，池仁勇，段姗. 科技中介功能、网络位置与产业集群绩效：基于浙江省典型产业集群的实证研究[J]. 科学学研究，2014，32（6）：841–851.

[147] SODA G，USAI A，ZAHEER A. Network memory：the influence of past and current networks on performance[J]. Academy of management journal，2004，47（6）：893–906.

[148] 钱锡红，杨永福，徐万里. 企业网络位置、吸收能力与创新绩效：一个交互效应模型[J]. 管理世界，2010（5）：118–129.

[149] 曾婧婧，刘定杰. 产业集群集聚效应能促进企业创新绩效提升吗：对武汉市生物医药产业集群的实证分析[J]. 科技进步与对策，2016（18）：65–71.

[150] 董微微. 基于复杂网络的创新集群形成与发展机理研究[D]. 长春：吉林大学，2013.

[151] 刘东霞，谭德庆. 基于消费者效用模型的耐用品垄断商回购与再制造决策研究[J]. 中国管理科学，2014，22（4）：134–141.

[152] 刘东霞，谭德庆. 基于消费者类型的耐用品垄断商再制造策略研究[J]. 预测，2014，33（2）：50–54，65.

[153] 刘川. 三维视角下高技术产业升级能力与升级策略研究：基于省际面板数

据的实证分析[J]. 经济问题探索，2014（8）：102–109.

[154] 刘川，宋晓明. 基于价值链视角的产业升级能力评价及提升路径研究：以我国中东部地区高技术产业为例[J]. 经济体制改革，2014（3）：99–104.

[155] 李刚. 我国高技术产业发展水平与集群水平评价及相关关系研究[J]. 工业技术经济，2014（1）：29–33.

[156] 屠文娟，王雅敏. 技术创新视角下我国高技术产业高端化发展策略[J]. 科技管理研究，2013（19）：41–45.

[157] 李翔，倪登峰. 基于malmquist指数的我国高技术产业分地区创新效率评价[J]. 商业经济，2013（10）：8–10.

[158] 江可申，邹卉. 高技术产业区域创新效率差异度分解研究[J]. 管理现代化，2015，35（3）：16–18.

[159] 高晓光. 我国高技术产业创新效率的时间演变与地区分布特征[J]. 产经评论，2015（5）：30–41.

[160] 李海东，马威. 投入端视角下高技术产业技术创新效率影响因素研究[J]. 科技管理研究，2014（10）：126–130.

[161] 邹艳，陈宇科，董景荣. 区域高技术产业发展的“质”“量”分析：以西部地区高技术产业为例[J]. 科技进步与对策，2012，29（2）：37–40.

[162] 王中亚. 中国区域高技术产业发展水平评价研究：以中部六省为例[J]. 郑州航空工业管理学院学报，2011，29（5）：23–27.

[163] 科技部.高新技术企业认定管理办法[EB/OL]. [2008-04-14]. http://baike.baidu.com/view/2135759.htm.

[164] OECD science technology and industry outlook[R]. OECD，2009.

[165] World development indicators [R]. World Bank，2008.

[166] HOLLANDERS H. 2006 European innovation scoreboard[R]. European Commission，2006.

[167] 纪宝成. 中国走向创新型国家的要素：来自创新指数的依据[M]. 北京：中国人民大学出版社，2008.

[168] 刘东霞. 工业企业技术创新效率DEA评价[J]. 科技和产业，2012，12（1）：78–82.

[169] 陈红，卫建业. 科技型中小企业：成长特征、影响因素、扶持政策[J]. 中北大学学报（社会科学版），2009，25（4）：26–30.

[170] 李平，张俊飚，徐卫涛，等. 高技术产业R&D资源投入与产业发展关系实证研究：基于中国1997－2009年省际面板数据[J]. 资源科学，2011（11）：24–34.

[171] 刘祖良. 我国高技术产业发展动力研究：要素与对策：基于高等教育和高技术产业横截数据的初评思考[J]. 中国高教研究，2011（3）：55–61.

[172] 刘东霞. 知识管理中核心员工隐性知识共享激励：基于博弈论的视角[J]. 科技管理研究，2013，33（19）：140–145.

[173] 刘东霞. 再制造耐用消费品定价及其营销策略探讨：基于消费者购买意愿的分析[J]. 价格月刊，2013（6）：44–47.

[174] DUNCAN R B．The ambidextrous organization：designing dual structures for innovation[M]//The management of organization design．New York：North-Holland，1976：167–188．

[175] BENNER M J，TUSHMAN M L. Exploitation，exploration，and process management：the productivity dilemma revisited[J]. Academy of management review，2003，28（2）：238–256.

[176] 吴俊杰. 企业家社会网络、双元性创新与技术创新绩效[D]. 杭州：浙江工商大学，2013.

[177] MARCH J G. Exploration and exploitation in organizational learning[J]. Organization science，1991，2（1）：71–87.

[178] GUPTA A K，SMITH K G，SHALLEY C E. The interplay between exploration and exploitation[J]. Academy of management journal，2006，49（4）：693–706.

[179] SIMSEK Z，HEAVEY C，VEIGA J，et al. A typology for aligning organizational ambidexterity's conceptualizations，antecedents，and outcomes[J]. Journal of management studies，2009，46（5）：864–894.

[180] LAI H C，WENG C S. Exploratory innovation and exploitative innovation in the phase of technological discontinuity：the perspective on patent data for two IC foundries[J]. Asian journal of technology innovation，2016（1）：1–14.

[181] GUAN J，LIU N. Exploitative and exploratory innovations in knowledge network and collaboration network：a patent analysis in the technological field of nano-energy[J]. Research policy，2016，45（1）：97–112.

[182] JANSEN J J P，VAN D B F A J，VOLBERDA H W. Exploratory innovation，exploitative innovation，and performance：effects of organizational antecedents and environmental moderators[J]. Nankai business review international，2010，1（3）：297–316.

[183] 伍勇，梁巧转，魏泽龙. 双元技术创新与市场导向对企业绩效的影响研究：破坏性创新视角[J]. 科学学与科学技术管理，2013（6）：140–151.

[184] GIMA A. Resolving the capability-rigidity paradox in new product innovation[J]. Journal of marketing，2005，69（10）：61–83.

[185] 李小静，孙柏. 政府干预对新兴企业技术创新的影响研究：基于负二项式模型[J]. 华东经济管理，2015（9）：159–164.

[186] 沈弋，徐光华，钱明. 双元创新动因、研发投入与企业绩效：基于产权异质性的比较视角[J]. 经济管理，2016（2）：69–80.

[187] TSAI W. Knowledge transfer in intraorganizational networks：effects of network position and absorptive capacity on business unit innovation and performance [J]. Academy of management journal，2001，44（5）：996–1004.

[188] DEVINNEY T M. How well do patents measure new product activity[J]. Economic letters，1993（41）：447–450.

[189] 焦豪. 双元型组织竞争优势的构建路径：基于动态能力理论的实证研究[J]. 管理世界，2011（11）：76–91.

[190] LIN B W，CHEN J S. Corporate technology portfolios and R&D performance measures：a study of technology intensive firms[J]. R&D management，2005，35（2）：157–170.

[191] GEMUNDEN H G，RITTER T，HEYDCBRECK P. Network configuration and innovation success：an empirical analysis in German high-tech industries [J]. International journal of research in marketing，1996，13（5）：449–462.

[192] VENKATRAMAN N，RAMANUJAM V. Measurement of business performance in strategy research：a comparison of approaches[J]. Academy of management review，1986，11（4）：801–814.

[193] 罗彪，葛佳佳，王琼. 探索型、挖掘型战略选择对组织绩效的影响研究[J]. 管理学报，2014，11（1）：37.

[194] 周建，王鹏飞，李文佳，等. 创新型企业公司治理结构与绩效关系研究：基于中国创业板上市公司的经验数据[J].经济与管理研究，2012，4（4）：106–115.

[195] 王寅，张英华，杨德森，等. 基于生命周期的企业双元性创新机制研究：以天津制造业为例[J]. 华东经济管理，2014（5）：164–170.

[196] 徐婧. 企业家社会资本对孵化企业绩效的影响研究［D］. 长沙：中南大学，2010.

[197] HAIRE M. Biological models and empirical histories in the growth of organizations[D]. New York：John Wiley，1959：1–5.

[198] 伊查克・爱迪思. 企业生命周期[M]. 北京：华夏出版社，2004.

[199] GARDNER J W. How to prevent organizational dry rot[J]. Harper's magazine，1965（10）：5.
[200] STEINMETZ L L. Critical stages of small business growth：when they occur and how to survive them[J]. Business horizons，1969，12（1）：29–36.
[201] 陈佳贵. 关于企业生命周期与企业蜕变的探讨[J].中国工业经济，1995（11）：5–13.
[202] 周三多，邹统钎. 战略管理思想史[M]. 上海：复旦大学出版社，2002.
[203] 张军. 基于企业生命周期的破坏性创新研究[D]. 济南：山东大学，2007.
[204] GRANOVETTER M S. The strength of weak ties[J]. American journal of sociology，1973，78（6）：1360–1380.
[205] BOURDIEU P. Condition de classe et position de classe[J]. European journal of sociology，1966，7（2）：201–223.
[206] BURT R. Structural holes：the social structure of competition[M]. Cambridge：Harvard University Press，1992.
[207] FREEMAN L C. Centrality in social networks conceptual clarification[J]. Social networks，1979，1（3）：215–239.
[208] KRACKHARDT D，HANSON J R. Informal networks：the company behind the chart[J]. Harvard business review，1993，71（4）：104.
[209] FLEMING L，SORENSON O. Technology as a complex adaptive system：evidence from patent data[J]. Research policy，2001，30（7）：1019–1039.
[210] STRANG D，TUMA N B. Spatial and temporal heterogeneity in diffusion[J]. American journal of sociology，1993（5）：614–639.
[211] NERKAR A，PARUCHURI S. Evolution of R&D capabilities：the role of knowledge networks within a firm[J]. Management science，2005，51（5）：771–785.
[212] BRASS D J，BURKHARDT M E. Centrality and power in organizations[J]. Networks & organizations theory & practice，1992（9）：191–215.
[213] 罗家德. 社会网分析讲义[M]. 北京：社会科学文献出版社，2005.
[214] 陈红，张玉，刘东霞. 政府补助、税收优惠与企业创新绩效：不同生命周期阶段的实证研究[J]. 南开管理评论，2019，22（3）：187–200.
[215] 翟淑萍，毕晓方. 市场压力、财政补贴与上市高新技术企业双元创新投资[J]. 科学决策，2016（6）：16–33.
[216] BECK M，LOPES B C，SCHENKERWICKI A. Radical or incremental：where does R&D policy hit[J]. Social science electronic publishing，2014

（8）：347.

[217] YU F. Government R&D subsidies，political relations and technological SMEs innovation transformation[J]. Ibusiness，2013，5（3）：104–109.

[218] YANG Y，LI S C，ZHAO F M. Study of the impact of government subsidies on innovation performance[J]. International association for management of technology，2016：1012–1022.

[219] 张峰，王睿. 政府管制与双元创新[J]. 科学学研究，2016（6）：938–950.

[220] 樊纲，王小鲁. 中国市场化指数[M]. 北京：经济科学出版社，2001.

[221] 龙静，黄勋敬，余志杨. 政府支持行为对中小企业创新绩效的影响：服务性中介机构的作用[J]. 科学学研究，2012（5）：782–788，790–792.

[222] MORGAN K. Regional advantage：culture and competition in silicon valley[J]. Research policy，1995，32（1）：484–485.

[223] 孙德梅，胡媚琦，王正沛，等. 政府行为、金融发展与区域创新绩效：基于省际面板数据的实证研究[J]. 科技进步与对策，2014（20）：34–41.

[224] CHRISTENSEN C M. The innovator's dilemma：when new technologies cause great firms to fail[M]. Boston：Harvard Business School Press，1997.

[225] 胡泓. 企业二元创新模式成因与演化研究[D]. 上海：上海交通大学，2014.

[226] LEWIS V L，CHURCHILL N C. The five stages of small business growth[J]. Social science electronic publishing，1983，3（3）.

[227] 李业. 企业生命周期的修正模型及思考[J]. 南方经济，2000（2）：47–50.

[228] 谭竞聪. 基于企业生命周期的组织信任研究[D]. 广州：暨南大学，2008.

[229] DICKINSON V. Future profitability and the role of firm life cycle[R].Working Paper，2006.

[230] 宋常，刘司慧. 中国企业生命周期阶段划分及其度量研究[J]. 商业研究，2011（1）：1–10.

[231] 李云鹤，李湛，唐松莲. 企业生命周期、公司治理与公司资本配置效率[J]. 南开管理评论，2011，14（3）：110–121.

[232] 王寅. 基于生命周期的企业双元性创新机制研究[D]. 天津：天津财经大学，2012.

[233] 王一舒，苏海军，董海峰. 吸收能力、生命周期及研发财税支持绩效关系研究[J]. 统计与决策，2016（14）：105–108.

[234] RAISCH S，BIRKINSHAW J，PROBST G，et al. Organizational ambidexterity：balancing exploitation and exploration for sustained performance[J]. Organization science，2009，20（4）：685–695.

[235] 刘自升. 组织二元性与企业创新绩效：企业内部网络的调节作用[D]. 杭州：浙江大学，2015.

[236] SIMSEK Z. Organizational ambidexterity：toward a multilevel understanding[J]. Journal management studies，2009，46：597–624.

[237] BORGH M V D，SCHEPERS J J L. Do retailers really profit from ambidextrous managers? the impact of frontline mechanisms on new and existing product selling performance[J]. Journal of product innovation management，2014，31（4）：710–727.

[238] 杨东. 双元能力对企业绩效的影响：对软件接包企业的实证研究[J]. 软科学，2011，25（7）：116–119.

[239] 孙永磊，党兴华，宋晶. 基于网络惯例的双元能力对合作创新绩效的影响[J]. 管理科学，2014（2）：38–47.

[240] PATEL P，MESSERSMITH J，LEPAK D. Walking the tight-rope：an assessment of the relationship between high performance work systems and organizational ambidexterity[J]. Academy of management journal，2013，56（5）：1420–1442.

[241] 何洁，王冬冬，张浩. 战略型领导影响企业双元创新的实证分析[J]. 中国人力资源开发，2016（7）：75–82.

[242] UOTILA J，MAULA M，KEIL T，et al. Exploration，exploitation，and financial performance：analysis of S&P 500 corporations[J]. Strategic management journal，2009，30：221–231.

[243] 吴亮，赵兴庐，张建琦，等. 资源组拼视角下双元创新与企业绩效的中介机制研究[J].科学学与科学技术管理，2016（5）：75–84.

[244] CAO Q，GEDAJLOVIC E，ZHANG H. Unpacking organizational ambidexterity：dimensions，contingencies，and synergistic effects[J]. Organization science，2009，20（4）：781–796.

[245] LAVIE D，KANG J，ROSENKOPF L. Balance within and across domains：the performance implications of exploration and exploitation in alliances[J]. Organization science，2011，22（6）：1517–1538.

[246] JANSEN J J，SIMSEK Z，CAO Q. Ambidexterity and performance in multiunit contexts：cross-level moderating effects of structural and resource attributes[J].Strategic management journal，2012，33（11）：1286–1303.

[247] HE Z L，WONG P K. Exploration VS exploitation：an empirical test of the ambidexterity hypothesis[J]. Organization science，2004，15（4）：481–494.

[248] LUBATKIN M H，LING Y. Ambidexterity and performance in small to medium-sized firms：the pivotal role of top management team behavioral integration[J]. Journal of management，2006，32（5）：646–672.

[249] JANSEN J P，VAN DEN BOSCH F A，VOLBERDAH W. exploratory innovation，exploitative innovation and performance：effects of organizational antecedents and environmental moderators[J]. Management science，2006，52（6）：1661–1674.

[250] BIERLY P，DALY P S. Exploration and exploitation in small manufacturing firms[C]. Washington，D.c.61th Annual Meeting of the Academy of Management，2001.

[251] GHEMAWAT P，RICART J E. The organizational tension between static and dynamic efficiency[J]. Strategic management journal，1993，14（s2）：59–73.

[252] 王益民，梁萌. 政治关联、治理机制对战略双元的影响：基于中国上市公司数据的实证研究[J]. 中国管理科学，2012（s1）：468–474.

[253] YAMAKAWA Y，YANG H，LIN Z J. Exploration versus exploitation in alliance portfolio：performance implications of organizational，strategic，and environmental fit[J]. Research policy，2011，40（2）：287–296.

[254] BLINDENBACH-DRIESSEN F，ENDE J. The locus of innovation：the effect of a separate innovation unit on exploration，exploitation，and ambidexterity in manufacturing and service firms[J]. Journal of product innovation management，2014，31（5）：1089–1105.

[255] MENGUC B，AUH S. The asymmetric effect of ambidexterity on firm performance for prospectors and defenders：the moderating role of marketing orientation[J].Industrial marketing management，2008，37（6）：455–470.

[256] CARNABUCI G，OPERTI E. Where do firms' recombinant capabilities come from? Intra-Organizational networks，knowledge，and firms' ability to innovate through technological recombination[J]. Strategic management journal，2013，34（13）：1591–1613.

[257] CHANDLER R. Strategy and structure：chapters in the history of the industrial enterprise[M]. Cambridge：MIT Press，1962.

[258] WUCHTY S，TONES B F，UZZI B. The increasing dominance of teams in production of knowledge[J]. Science，2007，316（5827）：1036–1039.

[259] 吴晓波，郭瑞，熊磊. 跨界搜索、企业内部协作网络与创新产出技术影响力：基于全球半导体行业的实证分析[J]. 西安电子科技大学学报（社会科

学版），2013，23（6）：27–34.

[260] 郭瑞. 探索性搜索与创新产出影响力：组织内部协作网络和知识网络的调节作用[D]. 杭州：浙江大学，2014.

[261] 许慧敏，辛冲，周宇婷. 组织间关系网络对二元创新的影响：基于利用式学习的中介作用[J]. 技术经济，2016，35（5）：69–75.

[262] 徐露允，曾德明，李健. 知识网络中心势、知识多元化对企业二元式创新绩效的影响[J]. 管理学报，2017（2）：221–228.

[263] 杨雪，顾新，王元地. 外部技术搜寻平衡对企业绩效影响的实证研究：企业规模的调节作用[J]. 科学学与科学技术管理，2017，38（7）：62–72.

[264] OLAF A，ROLF S. Do manufacturing firms profit from intraregional innovation linkages? an empirical based answer[J]. European planning studies，2000，8（4）：465–485.

[265] 陈红，刘东霞. 煤基低碳技术创新：专利发展影响因素与推进措施[M]. 北京：科学技术文献出版社，2017.

[266] 徐君，王素萍，郭艳艳. 促进资源型企业可持续发展[N].经济日报，2012–04–17（12）.

[267] THOMPSON W J. The nature of creativity [J]. Nature of creativity contemporary psychological perspectives，2011，18（1）：87–98.

[268] 孙锐，张文勤，陈许亚. R&D 员工领导创新期，内部动机与创新行为研究[J]. 管理工程学报，2012，26（2）：12–20.

[269] SONENSHEIN S. How organizations foster the creative use of resources[J]. Academy of management journal，2014，57（3）：814–848.

[270] 卢小君，张国梁. 工作动机对个人创新行为的影响研究[J].软科学，2008，21（6）：124–127.

[271] AMABILE T M，CONTI R，COON H，et al. Assessing the work environment for creativity[J]. Academy of management journal，1996，39（5）：1154–1184.

[272] SHALLEY C E，ZHOU J，OLDHAM G R. The effects of personal and contextual characteristics on creativity：where should we go from here[J]. Journal of management，2004，30（6）：933–958.

[273] ANDERSON N，POTOCNIK K，ZHOU J. Innovation and creativity in organizations：a state-of-the-science review，prospective commentary，and guiding framework[J]. Journal of management，2014，40（5）：1297–1333.

[274] WALLACE J C，BUTTS M M，JOHNSON P D，et al. A multilevel model

of employee innovation：understanding the effects of regulatory focus，thriving，and employee involvement climate[J]. Journal of management，2016，42（4）：982–1004.

[275] 马君，王迪. 内外激励协同影响创造力：一个被中介调节模型[J]. 管理科学，2015，28（3）：38–51.

[276] KARK R，CARMELI A. Alive and creating：the mediating role of vitality and aliveness in the relationship between psychological safety and creative work involvement[J]. Journal of organizational behavior，2009，30（6）：785–804.

[277] HARARI M B，REAVES A C，VISWESVARAN C. Creative and innovative performance：a meta-analysis of relationships with task，citizenship，and counterproductive job performance dimensions[J]. European journal of work & organizational psychology，2016（4）：1–17.

[278] COLLINS R. Collaborative circles：friendship dynamics and creative work（review）[J]. Social forces，2004，83（1）：433–436.

[279] EISENBEI S A，BOERNER S. Transformational leadership and R&D innovation：taking a curvilinear approach[J]. Creativity and innovation management，2010，19（4）：364–372.

[280] 刘东霞，陈红.再制造耐用消费品营销策略及消费者行为特征研究综述[J]. 品牌研究，2017（2）：66–73.

[281] ETZKOWITZ H，LEYDESDORFF L. The triple helix：university-industry-government relations：a laboratory for knowledge based economic development[J]. East review，1995（14）：14–19.

[282] BARTELS F L，KORIA R. Mapping，measuring and managing African national systems of innovation for policy and development：the case of the Ghana national system of innovation[J]. African journal of science technology innovation & development，2014，6（5）：383–400.

[283] DRAZIN R，GLYNN M A，KAZANJIAN R K. Multilevel theorizing about creativity in organizations：a sense making perspective[J]. Academy of management review，1999，24（2）：286–307.

[284] BRESMAN H，ZELLMERBRUHN M. The structural context of team learning：effects of organizational and team structure on internal and external learning[J]. Organization science，2013，24（4）：1120–1139.

[285] EDGINGTON E S. Review of the discovery of grounded theory：strategies for

qualitative research[J]. Canadian psychology psychologie canadienne，1967，8（4）：360.

[286] 贾旭东，谭新辉. 经典扎根理论及其精神对中国管理研究的现实价值[J]. 管理学报，2010，7（5）：656-665.

[287] PANDIT N R. The creation of theory：a recent application of the grounded theory method[J]. Qualitative report，1996（4）：543-569.

[288] GLASER B G. Constructivist grounded theory[J]. Historical social research，2007，11（19）：93-105.

[289] GOLDKUHL G，CRONHOLM S. Adding theoretical grounding to grounded theory：toward multi-grounded theory[J]. International journal of qualitative methods，2010，9（2）：187-205.

[290] 陈红，刘东霞. 资源型企业低碳创新行为驱动研究：基于涉煤企业的多案例扎根分析[J]. 软科学，2018，32（8）：63-67，97.